聞思の人 ④

金子大榮《かねこだいえい》集

下

教学研究所 編

東本願寺出版

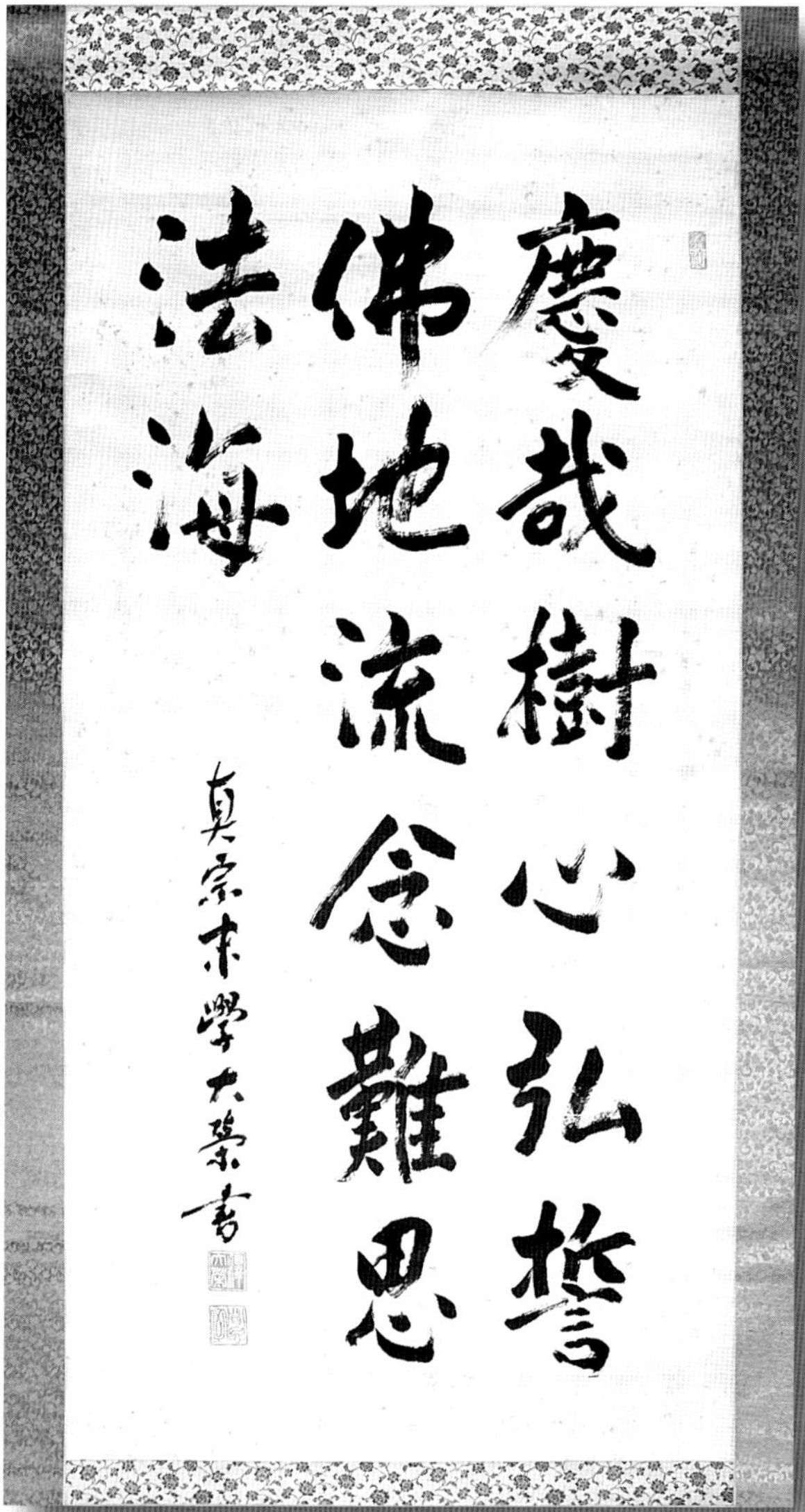
慶哉樹心弘誓
佛地流念難思
法海
真宗大學大榮書

高倉会館蔵

慶哉樹心弘誓
仏地流念難思
法海　　真宗末学大榮書

（慶《よろこ》ばしいかな、心《しん》を弘誓《ぐぜい》の仏地《ぶつじ》に樹《た》て、念を難思《なんじ》の法海に流す）
（『真宗聖典』四〇〇頁、東本願寺出版（出版部））

金子大榮先生によって揮毫されたこの書は、親鸞聖人の主著である『教行信証』「化身土巻」の後序にある一文です。

金子大榮集 下　目次

凡　例

一、本書は、真宗大谷派宗務所出版部より一九七八（昭和五十三）年に発行された『金子大榮集 下』を底本とした、改訂版である。

一、漢字は原則として通行の字体に改め、読みやすさを考慮して、漢字をひらがなに、またひらがなを漢字にするなどした。

一、引用文は、底本引用文を尊重しつつ、旧漢字・旧仮名遣いは通行の字体・仮名遣いに改め、適宜書名を付した。

一、底本中、今日の人権意識に照らして問題と考えられる表現については、適宜改めた。

金子大榮集　下

念仏の意義

念仏には無義《むぎ》をもって義とす。不可称《ふかしょう》・不可説《ふかせつ》・不可思議《ふかしぎ》のゆえにとおおせそうらいき。

（『歎異抄《たんにしょう》』第十章）

一

ここでは念仏の意義が問われ「無義をもって義とす」と答えられているのである。しかしてその「無義」とは「はからいなき」（『正像末和讃』）ことであり、「行者のはからいあるべからず」（『御消息集』〈善性本〉）ということである。その「義なきを義とす」ということは法然上人から直接に聞き伝えられたものであった。その言葉が親鸞聖人に念持せられ、ここでは「無義をもって義とす」と宣言して「不可称・不可説・不可思議のゆえに」と理由づけられたのである。なぜに念仏は無義をもって義とするのか。念仏の意義は不可称・不可説・不可思議であるからということである。

しからばその念仏の義に反する行者のはからいとはいかなるものであろうか。それは「本願を信」ずることと、「念仏を申」すことをわかつことである。『歎異抄』を貫くものは本願信と念仏行との別ないことである。そのことは前半の祖訓篇《そくんへん》には何の疑いもなく語られている。「本願を信ぜんには他の善も要にあらず、念仏にまさるべき善なきがゆえに」（第一章）といい、「念仏者は無碍《むげ》の一道なり。そのいわれいかんとならば信心の行者には、……」（第七章）等をあぐるまでもなく、本願信と念仏行とを分別しては祖訓篇を了解することができない。しかるにそのわかつことのできぬものをわかつところから「上人のおおせにあらざる異義」（第十章）があらわれた。唯円の歎異はこれを悲しんでのものである。ゆえに後半の歎異篇《たんにへん》は誓願不思議《せいがんふしぎ》を信ずると名号不思議《みょうごうふしぎ》を信ずるとをわかついわれのないことをもって一貫しているのである。

われらはいかにして弥陀の本願を信ずることができるか。ただ念仏の心においてである。念仏申さなくとも、「弥陀の本願には老少善悪《ろうしょうぜんあく》のひとをえらばれ」（第一章）ないことは思い知ることができるかも知れない。人間愛の思想と通ずるものがあるからである。されどそれは道理としてそうあるべきはずと思うだけであって、身についた信心ではない。したがって「罪悪《ざいあく》深重《じんじゅう》・煩悩熾盛《ぼんのうしじょう》の衆生をたすけんがための願にてまします」（同）ということを思い知ることができぬであろう。念仏しないものには、自身こそ本願の正機《しょうき》であることを感ずることができないからである。

本願の論理は念仏しない知識人も語ることができる。されど本願の不思議は念仏しないものには感ずることができない。したがって念仏しないで本願を語るは行者のはからいといわねばならぬであろう。これを約せば本願を信ずるとは念仏申す身になるということである。

弥陀の誓願不思議にたすけられまいらせて往生をばとぐるなり、と信じて念仏もうさんとおもいたつこころのおこるとき、すなわち摂取不捨《せっしゅふしゃ》の利益《りやく》にあずけしめたまうなり。

（第一章）

と語られた、その摂取不捨とは念仏の心において見出されたる煩悩具足《ぐそく》のこの身と如来の悲願《ひがん》とを交感せしめるものである。

ゆえに念仏とはただ本願を信ずる心である。本願を信ずる心が念仏申すのである。したがって念仏は自力をたのまない心である。しかるにもし念仏しつつ、その念仏するということに意義を認めそれを力としてたのむこととなれば、それはかえって念仏の意義にそむくものといわねばならない。そのはからいのある限り、心から本願を信ずることはできぬであろう。それは何かの善、何かの行をたのもうとする自力の心が念仏に結びついているからである。自力のたのむべからざるを思い知らしめる念仏が自力ごころにとらえられることは悲しきことといわねばならない。「念仏には無義をもって義とす」とは、とくにその自力心を反省せしめるものである。

しかるにかえりみればこのことはすでに、

念仏は行者のために非行《ひぎょう》・非善《ひぜん》なり。わがはからいにて行ずるにあらざれば非行という。わがはからいにてつくる善にもあらざれば非善という。ひとえに他力にして自力をはなれたるゆえに、行者のためには非行非善なりと云々（第八章）

と語られているのである。その祖訓あるにもかかわらず、どうしてその祖意にそむく異義があらわれたのであろうか。それは遠い昔の教界の事実であったと済まされないものがあるようである。われらはこれを今日の問題として反省せねばならぬのである。

二

今、真宗教団に課題となっているものは念仏の基礎づけと倫理への連関である。真宗も仏教である限り、その教法は仏教としての道理を基礎とするものでなければならない。また宗教として人間生活に寄与するものならば、必ず道徳のよりて立つものとならねばならぬであろう。それが当然の常識となっているのである。したがってそれに対する応答ができないならば、真宗は仏教でないといわれ、また道徳を無視するものといわれても黙するよりほかないことであろう。真宗の教家は、この課題に対して何とか応答せねばならないことになっているのである。しかるに『歎異抄』の語るところは、この課題に対しての正面からの応答を断念せしめるのである。われらは念仏に基礎づけをすることができない。親鸞は「十余か国のさかいをこえて訪ねきたりし人びとに対して、念仏より他に法文を知らない」（第二章取意）といい、「その他の法文を知りたくば南都《なんと》北嶺《ほくれい》の学生《がくしょう》におうて往生の要《よう》をよくよく聞かるるがよい」（同）と語っている。ここに念仏より他の法文というは念仏を基礎づける法文であるに違いない。その法文としてあるいは『往生要集《おうじょうようしゅう》』も思い合わされたのではないであろうか。南都北嶺の学生を推挙し、「往生の要」と語られることは念仏の基礎づけにもよいことと思うていられたからであろう。されど親鸞はその学生の器でないことを自覚して、法文を知ることを断念せるのである。ゆえに親鸞の念仏は言葉どおり「ただ念仏」である。何のはからいもない念仏である。

この祖訓をうけたる唯円《ゆいえん》の歎異には、さらに痛切なるものがある。「他力真実のむねをあかせるもろもろの聖教は本願を信じ念仏をもうさば仏になる。そのほかなにの学問かは往生の要なるべきや」（第十二章）といい「一文不通《いちもんふつう》にして経釈のゆくじもしらざらんひとの、となえやすからんための名号にておわしますゆえに易行という」（同）といい、さらに、

たとい諸門《しょもん》こぞりて念仏はかいなきひとのためなり。その宗あさしいやしというとも、さらにあらそわずして、われらがごとく下根《げこん》の凡夫《ぼんぶ》、一文不通のものの、信ずればたすかるよし、うけたまわりて信じそうらえば、さらに上根のひとのためにはいやしくとも、われらがためには最上の法にてまします。（同）

という。この自覚が真宗の正意であるならば、念仏に対する現代知識人の非難に対しても、わ

れらは正面からの応答を断念するほかないことであろうか。

されど唯円はその意味によりては学問を否認するものではない。「本願を信じ念仏をもうさば仏になる」ことは法爾自然《ほうにじねん》の道理である。「このことわりにまよいはんべらんひとは、いかにもいかにも学問して本願のむねをしるべき」（第十二章）である。

その「学問せばいよいよ如来の御本意をしり、悲願の広大のむねをも存知して、いやしからん身にて、往生はいかがなんどとあやぶまんひとにも、本願には善悪浄穢《じょうえ》なきおもむきをもときききかせられそうらわばこそ学生のかい」（同）ともなるであろう。その学問はすなわち自他の救いのためにせられるものである。しかるに念仏の基礎づけとして学問するものは護教《ごきょう》のためである。その護教の心は念仏を誹謗するものを敵として論議しようということである。その思想は顕正《けんしょう》のためであるといっても、論議となる限り本願の旨にそむくものといわねばならない。自力を離れることのできない知識人が、無義を義とする念仏を誹謗することも当然なることであろう。さればこそ、
故聖人のおおせには、この法をば信ずる衆生もあり、そしる衆生もあるべしと、仏ときおかせたまいたることなれば、われはすでに信じたてまつる。またひとありてそしるにて、仏説まことなりけりとしられそうろう。

（第十二章）

とも語られたのであった。

こうして唯円の学問説は縷々《るる》として尽きない。われらは現代の教界に思い合わせて、あまりにもその身近に反省せしめられることの多きを痛感せざるをえぬのである。

三

されどわれらは、学にとらえられてはならないということは実際を重んぜよということであると解することができる。したがって念仏に学的基礎を必要としないということは、人間生活への直接なる連関を要としていることではないであろうか。その人間生活への連関とは、念仏が道徳の根本となるということでなくてはならない。しかるに『歎異抄』はそのことについてもとくに深く断念を迫っているのである。

そのことはまず祖訓篇の「善人なおもて往生をとぐ、いわんや悪人をや」（第三章）にあらわされている。念仏がもし道徳の基礎づけとなるならば、当然「悪人なお往生す、いかにいわんや善人をや」（同）でなくてはならぬであろう。念仏して大慈大悲をいただきつつ、どうして「ものをあわれみ、かなしみはぐくむ」（第四章）ことができないであろうか。念仏申しても「父母の孝養のため」（第五章）にすることもできず、本願の道理を説いても「弟子一人も」（第六章）もつことはできない。それどころか「念仏もうしそうらえども踊躍歓喜《ゆやくかんぎ》の心おろそか」（第九章）とあっては、よろこびをもって一生を送るということすらできぬのであろうか。

とすれば本願念仏の教はまったく人生的意義がないといわねばならない。

これに対する親鸞の応答は、人間生活を何とかするための念仏ではない。どうにもならない人間生活であるから本願を信ずるのであるということである。念仏により知られてきたことは善心の生じたことではなく、「よくよく煩悩の興盛《こうじょう》」（第九章）なることである。浄土へといそぐ光ではなくて苦悩の旧里《きゅうり》の捨てがたき心である。それはまったく仏法に反し正理《しょうり》に違《い》するものといわねばならぬのであろう。親鸞はその仏法に反し正理に違する心において、深く如来の悲願を感ずるのほかないのである。

このどうすることもできない人間生活を、歎異篇では宿業《しゅくごう》として説きあらわされた。

よきこころのおこるも宿善《しゅくぜん》のもよおすゆえなり。悪事《あしきこと》のおもわれせらるるも悪業のはからうゆえなり。故聖人のおおせには卯毛羊毛のさきにいるちりばかりもつくるつみの、宿業にあらずということなしとしるべしとそうらいき。

という第十三章は、とくに感銘の深いものであるが、またもっとも理解の難いものである。したがって道徳の根底となるものとして仏教を思想するものにとっては宿業説はおそらく異端とも思われることであろう。されど、どうにもならない人間生活であることを痛感しているものにとってはまったく頭の上らない言葉である。この宿業感には人間生活の悲しみがある。善も業縁《ごうえん》の罪を離れることができず、悪も懺悔《さんげ》することすらできない。しかればその人間業の悲しみのみが如来の悲願を思いしらしめられる機となるのであろうか。

しかし善悪は宿業であるということは、いうまでもなく善悪は自由であるということではない。宿業説を悪無碍と解することは、まったく宿業感をもたないものである。したがって宿業を感ずるものにも、その立場における、おのずからなる道あることを知らぬのではない。それこそ「わろからんにつけても、いよいよ願力をあおぎまいらせば、自然《じねん》のことわりにて柔和《にゅうわ》忍辱《にんにく》のこころもいでくべし」（第十六章）ということである。これは念仏者は必ず善を行うということではない。柔和忍辱とは打ち砕かれた心である。自善他非の心が砕かれて、「共《とも》に是《こ》れ凡夫《ただひと》」（『十七条憲法』）と思い知らしめられた心である。それこそ悪を転じて徳とならしめられたというものであろう。まったくこれ如来大悲の恩徳である。そうなると予期されるものではない。念仏して知られることは、いよいよ自身の罪障の深いことだけであるからである。

四

しかるに現代においてとくに教界に要求されていることは、幾度もくり返せるように、念仏の基礎づけと倫理への連関である。しかしていかにしてもその要求はこばみがたいように思われる。しからばその要求を満足しようとすればどうなるであろうか。

ここにあらわれるものは、浄土は来世《らいせ》に期せられるものではなく、此世《このよ》に実現されるものでなくてはならないという思想である。これは現代の知識人が浄土教に要求しているものであり、教家《きょうけ》の中にもこれに応答しようとするものがあるのである。それが歎異篇の第十五章の題目であることを思えば、今も昔も知識の分別に変わりはないことを感ぜざるをえない。これはすでにいうように念仏の心なく、ただ本願の道理をのみ思想するからであろう。老少善悪の人をえらばない本願は、人間愛と思い合わされるからである。浄仏国土《じょうぶっこくど》は大乗精神であり、真宗も大乗である。とすれば真宗の究極的意義はこの世を浄土にすることであらねばならない。親鸞が現生不退《げんしょうふたい》を強調せる心もこれによるのではないであろうか。唯円がそれを異義と歎くことはかえって親鸞の意に反するように思われる。

これに反する唯円の立場は、あくまでも現実なる人間観である。『教行信証《きょうぎょうしんしょう》』においても一貫して感ぜられるものは時代苦における人間悪である。あるいは社会悪における人間悲といった方がいっそう適切であろう。指導者意識において時代悪を見るものは、何とかしてこの世を浄土にせねばならぬと思想し、それが可能のもののように教説しているのである。されど被指導者の身になればいかにしても煩悩悪業を離れることのできぬことを悲しむほかないのである。この身にとりて救いの光がありとすれば、それはただ来生の大涅槃《だいねはん》のみである。それはいうまでもなく来生に浄土ありと知識しているのではない。大悲の本願が無量光明土をわれらの来生へと顕現するのである。したがってその来生の光のみが、現生の人間生活の暗を照破《しょうは》するのである。それを摂取不捨の光といい、現生不退の益というのである。しかしそれは、終生悪業を離れることのできぬことを悲しむ念仏者にのみ信心せられることである。

しからば念仏の倫理への連関を必然的のものとすればどうなるであろうか。それは念仏者の団体を作り規約を設定することにもなるであろう。「あるいは道場にはりぶみをして、なむなむのことしたらんものをば、道場へいるべからず」（第十三章）といい、「はらをもたて、あしざまなることをもおかし、同朋同侶にもあいて口論をもしては、かならず回心すべしという」（第十六章）。この種の要求は常に真宗信者にかけられているのである。少なくとも五戒ぐらいが持たれなくては仏教徒とはいわれまい。まことに当然の要求といわねばならぬのである。

されど念仏者は、道徳について何らの誓いをもすることができない。「さるべき業縁のもよおせば、いかなるふるまい」（第十三章）をもしかねないものである。それを強いてなすまじと思えば、かえってまた別の悪を行うこととともなるようである。したがってわれらは念仏者であることによりて念仏せぬ人の言行を非難することができない。かえって念仏しない人びとの言行の上にも自身の姿を見るものこそ念仏者であるといわれよう。しかるに念仏に道徳的な効果を見ようとするものは、念仏といっても、ただ本願を信ずる心のほかなきを忘れたるものといわねばならない。如来の悲願を信楽する念仏の心は、ひとえに仏恩のかたじけなさを思うほかないことである。

五

これで「念仏には無義をもって義とす」ることをほぼ明らかにすることができたようである。念仏には教理的基礎づけがなく倫理への連関がない。それが本願念仏の性格である。ゆえに本願念仏は不可称・不可説・不可思議である。不可称・不可説・不可思議であるから無義をもって義とするのである。

思うに不可称・不可説ということも、結局は不可思議ということに帰することであろう。言葉にあらわすことのできぬのは、心で思議することができぬからである。不可称と不可説との別は詞と辞との異であると見てもよいであろう。「神光《じんこう》の離相《りそう》をとかざれば　無称光仏《むしょうこう》となづけたり」(『浄土和讃』)とあれば、いいあらわす言葉のないのが不可称である。その言葉を用いて分別解説《ふんべつげせつ》することのできないのが不可説である。その不可称・不可説なることは不可思議であるからに違いない。ゆえに誓願不思議・名号不思議といい、また仏智《ぶっち》不思議とも説かれているのである。

されど親鸞にとっては、とくに不可称・不可説・不可思議と重言せずにおられない感情があったのではないであろうか。それは理性の限界を超えたものであるというだけではなく、驚異と慶喜《きょうき》との感情をともなっての言葉である。多くの大乗経典にも不思議を説き、各宗も果分不可説を語っている。しかるにそれを認容しつつ「仏法不思議ということは　弥陀の弘願になづけたり」（『高僧和讃』〈草稿本〉）と讃嘆《さんだん》せる親鸞の心には、おさえることのできぬ慶喜があったのであろう。

　これによりて『教行信証』を見れば、その「行巻」には「弘誓一乗海《ぐぜいいちじょうかい》は無碍《むげ》・無辺《むへん》・最《さい》勝《しょう》・深妙《じんみょう》・不可説・不可称・不可思議の至徳《しとく》を成就《じょうじゅ》したまえり」という。「信巻」には「如来、清浄《しょうじょう》の真心《しんしん》をもって、円融《えんゆう》・無碍《むげ》・不可思議・不可称・不可説の至徳を成就したまえり」、また「不可思議・不可称・不可説の一乗大智願海《いちじょうだいちがんかい》、回向利益他《えこうりやくた》の真実心なり」、また「ただこれ不可思議・不可説・不可称の信楽なり」という。それらの言葉によりてそれはいかなる感情を表現しようとするものなるかを思い知られることである。

（昭和三十六年五月　『教化研究』第三十二号　特集　歎異抄の世界）

浄土の機縁

――生活の中から――

本願と念仏

真宗の教えは、「本願を信じ念仏もうさば仏になる」（『歎異抄』）ということであります。その本願を信ずるということは、「弥陀の本願には老少善悪のひとをえらばれず」（同）とありますから、本願というは、平等に人間を大悲しての心でありましょう。経験をたのむ老人と、新世界をつくろうとする若者とが、互いに是非《ぜひ》しあい、善悪を論じているのでありますが、本願にはそういうもののえらびがない。ということは、人間が老少善悪の差別によって煩わされ、争い悩んでいる。その人間の姿を大悲して、差別動乱のうちにある一切の衆生をして、平等無《む》為《い》の境地にあらしめたいという、それが本願であります。

その意味において、人間は願いをかけられた存在であるといえましょう。子供は親の願いのかかっている存在であるというように、一切の生きとし生けるものは、弥陀の願いのかかっている存在であると考えてよいのでしょう。ですから、差別動乱のうちにいるところの一切衆生をして、一如無為《いちにょむい》の境地にあらしめたいというのが大悲のいわれでありまして、その意味で本願は、まことの道理をあらわすものといってよいのであります。本願はまことのいわれであり、そのいわれにうなずくことが信心ということであります。

また、このいわれを聞き、身につけていくのが念仏であります。念仏によって、私たちは自分を見出し、そうして、自分を見出さしめた無限の光、すなわち阿弥陀を感じていくのでありますその念仏の心、本願のいわれを聞いて、はじめて本願のまことが、私たちの身についてくるのであります。

そうすることによって、「仏になる」ということは、「仏と同じさとりをひらく」ことですが、真宗においては、その仏になるとは、すなわち浄土のさとりといってあります。

浄土のさとり

そこで浄土ということが出てくるのですが、その浄土は、本願の世界であり、念仏によって感じられる境地であるというふうにいただきますなら、何の無理もなく、何の問題もないことであります。

しかしながら、浄土の経典に説いてある浄土は、ただそれだけでは済まぬものがある。浄土の教えでは、この世は浄土でない。したがって、この世にいる限りは、さとりをひらくことができない。さとりは来生であるということであります。このことを受けいれねば、浄土教が成り立たず、おそらく本願ということも念仏ということも意義を失うでありましょう。浄土のさとりが未来であればこそ、本願を信ずるということもあり、念仏申すということの他に道がないことになるのであります。

　では、この世にない浄土、来生でなければさとられないという意味は、どう受けとるべきなのか。浄土の経典に説いてある浄土は、この世と場所つづきではない。西方に十万億土をすぎて世界ありと説かれておりますが、たとえ、文化が進んで宇宙旅行ができるようになっても、ついでに極楽へよって、八功徳水《はっくどくすい》で沐浴でもしていこうというわけにもいかない。したがって、また時間つづきのものでもない。今日はこの世で、明日はお浄土でということでもなさそうであります。

　それで往生といいましても、無生《むしょう》の生《しょう》といってあるのであります。それは、そのように実体的に考えるべきものではなくて、精神的に了解すべきものであるといわれるかも知れない。それは否定することのできないことでありますけれども、しかしながら、その精神的ということだけで、往生浄土ということが明らかになるわけではありません。いいかえれば、浄土というものは、人間の考えておる理想の世界ではない。如来の本願というものと、人間の理想というものとは、どこか異なるようであります。人間の理想ならば、精神的の地つづきでありましょう。時間的未来ともいえるのでありましょう。だからこの世を浄土にしなければならない、というようなことも成り立つのであります。

しかし真宗の教えには、そういうような意味におきまして、理想主義に対する断念がある。とても我々の力、このような状態では、この世を浄土にするということはできないということであります。したがって、この世と浄土というものの間には一つの断絶がありまして、そこへ生まれるといいましても、「超絶し去る」（『大無量寿経』）というような言葉が用いられてあります。そういうような意味におきまして、人間の理想というものと、如来の本願というものには、明らかに区別がある。

しかし、人間の理想というものに断念するという、そういうことを介して感じられるところの本願の世界は、さらに深い意味においての理想の世界であるというようなことがいわれるかも知れない。しかしその世界は、実現を断念したものであるから、そこに如来の本願を信じて往生を期するほかないものでありましょう。ともあれ浄土教に説かれてあるところの浄土というものは、この世ではなく、そして来生であるというように説かれてあるのであります。

しからば、そういうことは、どういうことによって本当に我々のものになるのであろうかということを明らかにしてみたいというのが、「浄土の機縁」（『浄土和讃』、『高僧和讃』）という題目の意味なのであります。

時代悪における人間の悩み

これについて思われることは、親鸞聖人の生涯を貫いて「時代悪のうちにおける人間の悩み」というものを感ぜられたということであります。あるいは「社会悪のうちにおける個人の悩み」といいあらわしてもいい。それで一度は、こういう題目で話してみたいとも思うたのでした。今日はそういうことを十分にお話しすることができませんが、一つの場合を考えますと、親鸞聖人は越後へ流されて東国を遍歴せられました。その間に、ことに感じられたことなのでありましょうが、「一切苦悩の群生海」(『教行信証』「信巻」)という言葉がある。その「苦悩の群生海」という言葉は、おそらく庶民に親しんで、庶民の悩みというものに同情・同感しての言葉でありましょう。

その頃の聖人の思想には、時の支配者、権力階級に対するレジスタンスの意味もあるのだといわれています。そういうことは、私にはよくわからない。レジスタンスというようなことであれば、農民を煽動して、何か社会運動でも起こされそうなのでありますが、そうではなしに、どうにもならない時代に、どうにもできないで、悩める農民に同情しつつ、その悩みをどうしたら解決することができるかという、そこに聖人の生涯の求道があったのでしょう。『教行《きょうぎょう》信証《しんしょう》』に説かれてあることも、その他にはないようであります。すなわち、聖人は深く時代悪に悩む庶民の心になって、浄土の教意を明らかにせられたのであります。それが浄土の機縁でありました。

ここで、浄土の機縁という言葉を用いられた聖人の心を思いますと、『教行信証』に「然《しか》れば則《すなわ》ち、浄邦縁熟《じょうほうえんじゅく》して、調達《じょうだつ》、闍世《じゃせ》をして逆害《ぎゃくがい》を興《こう》ぜしむ。浄業機彰《じょうごうきあら》われて、釈迦《しゃか》・韋《い》提《だい》をして安養《あんにょう》を選ばしめたまえり」とあります。これは聖人が自分の時代を映す鏡として、釈尊の昔における王舎城の悲劇を述べておいでになるのであります。これは、ただ、王舎城に起こったところの一つの悲劇であるといえば、浄土教というものは、韋提希《いだいけ》夫人という女性の一つの個人的のことのようであります。

しかし阿闍世《あじゃせ》といえば時の王者であり、提婆《だいば》といえば教団を荷負《にな》おうとまで考えた。その提婆・阿闍世というものの逆悪というものは、すなわち一つの時代悪である。こう考えることができるであろう。そうすれば、その時代悪の中に悩んでどうすることもできない韋提希夫人の立場こそ、一切の衆生の苦悩を代表しているものでありましょう。その時代の悪が縁となって、そこに悩む韋提希夫人が代表者となって、本願を信じ念仏を申すほかないという道が開けてきたのであります。

かように、提婆・阿闍世の逆悪というものが、韋提希夫人をして、本願念仏の道につかしめたのである、ということは、時代の悪に対してどうすることもできないというのでありますが、そのどうすることもできないという立場にある韋提希夫人が、またその時代の悪を荷負わなければならないというようなことになっておったのであります。こういうことをいろいろ考えてみますと、浄土の機縁については、いろいろといただいてみなければならんものがあるようであります。

しかし問題は現代であります。王城の悲劇や、親鸞聖人の場合は、語れば尽きないことでありますけれど、今日は、お集まりの皆さんが大抵おわかりのこととして、しからば、現代というものが、浄土の機縁というものの熟している時代であるといえるかどうか。現代にも確かに時代悪というものがある。しかし、その時代悪というものは、どうしても、浄業の機、本願を信じ念仏を申すほかないという、そういうふうな悩みの縁となるものであろうか、どうであろうか。時代にも悩みがある、その悩みというものがどうしても浄土を求めずにおれん、そういうふうな悩みであるであろうか。

もしそうでないとすれば、浄土の教えというものはご用済みになったような形になっていて、何と申しても、これで浄土教の役割は済んだのであるといわなければならんようであります。しかし私は、よくよく考えてみれば、今日こそ浄土の機縁の熟している時であると、こう申してみたいのであります。

生活と行動

そこで話をすすめるために、一つ、私の思いつきとでも申しましょうか、こういうふうなことがいえないものであろうかと思うのであります。人間の業というものを、生活というものと、行動というものに、一応わけてみることはできないであろうか。業とは人間の生活であり、人間の行動であると。こういう場合には、生活というも行動というも同じことなんですけれど、しかし私は、今この二つをわけて考えてみたいのであります。

生活というのは日常的なものであり、その身についたものであります。もっと一般的に申しますとそれぞれの職業、大工をし、農業をし、商いをするという、こういうふうなものを生活という言葉であらわすことができる。

それに対して行動というのは、臨時のものであります。日常的なものでなくて、臨時のものである。そして、自分の身についたものというよりは、他との関係において、どちらかというと、他を動かしていこうというような場合を、これを行動というのであります。ですからして、今日、組合をつくり、組織をつくってストライキというようなことをやるのは、これは、はっきりした行動なのでありましょう。と申しましても、生活を離れて行動はなく、行動を離れて生活はないということでありましょうからして、そういうような形の上において、区別しようとは思うておらないのであります。

ただ意識において、その行動が生活意識によって行われます時には、行動も生活に属しているわけであります。生活もまた、行動という意識において行わるれば、行動といってよいのであります。一応、理解していただくために、その仕事のやり方でわけましたけれど、実は意識の問題でありまして、生活意識によって、すべては行われておるのであろうか、行動意識によって行われておるのであろうか。

はっきりするために、もう少し例を出しますが、たとえば学生生活ですが、学生生活といえば、おそらく学校におって教授を受けて勉強をするということであろうと思うのであります。安保問題が出てきたからして、どこかへいって旗を振ろうということは、これは学生生活でないと私は思うのであります。これは行動であります。と申しましても、学生にあるまじき行動と、そういうつもりはないのであります。あれが学生らしい行動であるかも知れません。らしい行動であるか、らしからぬ行動であるかは別にしまして、少なくとも、生活ではないということだけはいえるのでありましょう。しかし現代はその行動というものも、また生活意識によって行なうということになっているのでありましょうか。それとも生活というものまでも行動化してきたのではないであろうか。こういうふうに考えます時に、浄土の教えというものは、真宗の教えというものは、生活に潤いを与え、生活の知慧となるものであって、行動の原理となるものでないと、私はそういうふうに思うのであります。

ですからして、今日の浄土の教えというものは、生活に即しないということがいわれますが、どうしてそういうことをいわれるかという気分は、もちろんわかっております。しかし、私たちの会得《えとく》しております浄土の教えというものは、これほど生活に即したものはないのである。行動の原理とはならぬが、生活に即するという点においては、おそらく仏教のうちにおいて、親鸞の真宗の教えより他にないのでないかと、こういいたいのであります。

しからば、生活意識の場合と、行動意識の場合と、どういうふうに違うであろうかということは、今日とくに申してみたいことでありまして、時間の許す限り、いろいろ並べてみたいのであります。

煩悩と罪業

まず第一に善悪という感覚が違う。生活意識における善悪というものと、行動意識における善悪というものとは、異なるようであります。生活意識における善悪というものは、よしあし、という言葉を使うておりますけれど、良・不良という、あのよしあしの方が、あるいは近いのではないであろうか。真宗の教えにおいて罪悪ということを申しますが、その罪悪というのは、煩悩の生活ということであります。私たちは浄土真宗の罪悪観ということを申しますが、聖教の上には、罪悪観などという思想的なものはないようであります。

ただ罪悪の感じ、つまり罪の深い生活をしておりますということであります。その生活は非道徳的であるとか、法律にそむいているということではない。何か知らんが、お恥ずかしい生活をしておりますということなんであります。したがって生活に即していこうという、この真宗人の心では、善といっても悪といってもすべて煩悩であり、罪の深い生活であると感じておるのであります。

しかし、行動意識における善悪はそうでない。行動意識における善悪はいつでも「我は善なり、汝は悪なり」ということになっているようであります。

庶民生活

私は、『歎異抄《たんにしょう》』第十三章を読むたびに思うのでありますが、あそこに宿業の例として出てきているのは、野山に猪を狩る猟師と、海河に網をひく漁民、商いをする商人と、農民の四つがあげられています。これは唯円房がはじめてあげた例ではなくして、親鸞聖人のお書きになったものの中にも「具縛《ぐばく》の凡愚《ぼんぐ》、屠沽《とこ》の下類《げるい》」(『教行信証』「信巻」、『唯信鈔文意』)ということの「屠沽」という解釈に、この漁民や商人があげられてあります。なぜに、それをもっと拡張して、報道人となり人の内幕をあばくもの、政治家となってたえず反対党の落度を見出すことも、みな同じことである、あさましい生活であると、書いてないのであろうか。そういうことを一度言ってみたいような感じもするのでありますが、あるいはそういうふうな人々の行動も、生活には違いないが、しかし生活意識よりも行動意識が主となるからでありましょうか。

　行動意識によって行われている限りは、どんなことでも、よいと思わなければできないものだということであります。行動することでも、また人を批判するということと同じく、結局、自分が善であると思わなければできないことであります。だからして、行動意識において行われる時こそ、悪とは不道徳なものであり、法律にそむくものであるということが考えられるようであります。しかし本当に庶民の心をもって、政治ということになれば、また別な思想があらわれるのでしょう。聖徳太子では「共《とも》に是《こ》れ凡夫《ただひと》」（『十七条憲法』）のみという立場において「かの人いかるといえども、かえってわがとがをおそるべし。我ひとり得たりといえども、衆《もろもろ》にしたがいて同じくおこなえ」（同）と仰せられる。そういう道もあるのであろうと思います。

　しからば、僧侶はどうか。これも一つの問題ですが、ここにお集まりになった三千人の皆さんに、私の心境を述べることは、差し控えることにしましょう。しかし、僧侶はいつの世でも、大抵悪くいわれているのであります。教えの方からも、たとえば『観無量寿経《かんむりょうじゅきょう》』には、僧侶の罪をあげてありますから、何かそこらに、いろいろと考えることができるようであります。

ともあれ、善悪ということを、行動意識で考えられた善悪をもって、真宗の悪人正機ということを考え、その悪人が救われるということを思うことは、見当違いでないかと思うのであります。

ただ、愛と憎しみということを離れない。煩いや悩みを離れない。それが庶民の生活であります。考えようによっては、本当に農民や商人こそ、世のためになっているといいたいところなのですけれども、その生活に即する感情において、煩悩具足のわれらといわずにおれない、それが庶民の感情であります。それは行動意識においては、善をなそうとして悪をなすことになっても、欲も怒りも必要なものとせられているものとは、まったく異なるものであります。そういうような意味におきまして、商人や農民らが例にあげられたのを見ましても、本願の教えは日常生活に即するものといわねばならぬのでありましょう。

それで、いろいろのわけもあるのでありましょうが、今日といえども、念仏の教えは、関東の方はよく知りませんが、関西の方から申しますれば、商人の間に行なわれております。また、漁村、農村の仏教であるといわれているほど、農民や漁民の上に行なわれております。結局、そういう人びとが本当にその生活をかえりみて、その上に、どうにもならない自分であるということを知っておる浄土の機になったに違いないのであります。

悲しみと喜び

　さて、その生活と行動というものにともなう感情を申しますと、生活における感情は、悲しみと喜びというものであります。行動者には喜びとか悲しみとかいうことがあるのであろうか。親鸞が日本人に教えたものは、何を悲しむべきか、何を喜ぶべきかということであるといっている人がおります。いかにもその通りでしょう。私も、人と生まれた悲しみを知らないものは人と生まれた喜びを知らないと語ってみたこともありました。このような時代に生まれ、人間の生活は、いろいろのことに悩まされ、煩わされておる。そして、それに対してどうすることもできないというところに、人生生活の悲しみというものがある。そうしてその人生生活の悲しみにおいて、それを介してはじめて大悲の本願をいだくことができる。そこに深い喜びがある。このような意味において、本当に悲しむべきことと本当に喜ぶべきこととは、生活に即するところの宗教だけが与えているのであるといってよいのでしょう。

　それが行動ということになりますと、どうでしょうか。それは悲しみとか喜びとかいう言葉を使うとか使わないとかいうことではありません。善悪ということで動いている。行動なのでありますから、その行動が成し遂げられた時と、成し遂げられなかった時には喜ばしい悲しい、というよりも、快・不快というようなことではなかろうか。あの時は痛快だった。また負けた時は千載のうらみというようなことをいう。このような行動の世界には、「我は善なり、汝は悪なり」というようなことで、争うことより他にないのであります。こうして行動の意欲は「戦い勝ちとるために」ということになっているのであります。

あの安保事件の時、私はつくづく感じたのであります。日本に政党というものがあって、いずれもみな「国民のために」というております。そしてその国民のためということによって争い、時には血を流さんばかりの闘いも出てくるのであります。

しかし、私たち国民の方からは、一度も争闘をお願いした覚えがないのでありますが、その人たちは、みな国民のためだというておられるのでありますから、間違いのないことなんでしょうか。そうすれば、結局、国民の方が争闘の責任を受けなければならない。ここに悩める国民が争いの責任を負わなければならないという事実があり、それは韋提希夫人の立場と同じようであります。しかもそれは、どうすることもできないものであります。ただかかる世に生まれあわせたる罪の深さを感ずるよりほかないでしょう。そこに浄土教というものの意味がある。ここに浄土の光に照らし出されたこの世の人間の姿があるようであります。

来世というは、照らし出されたこの世において、照らし出せる光明界を望んでの感覚でありましょう。「次の世のために」という言葉がありますが、この言葉は、人間生活の懺悔を感ぜしめる。私には浄土を説く『阿弥陀経《あみだきょう》』は、人間生活の深い懺悔を意味するものでないかと、若い頃にいって、若い人たちから大いに同感してもらったことがあります。

そのように、浄土の教えは、どうにもならない人間の世界を明らかにすることによって、それは悲しむべきことでありますが、その悲しみが本願念仏の教えによって、転じて喜びとなるということを思い知らしめようとするものであります。

無碍の道

もう一ついいましょうか。『歎異抄』に説かれております、「よき心のおこるも、あしき心のおこるもすべて宿業である」（第十三章取意）という、あの宿業観が自由ということにそむくものだということがいわれています。それに対して私たちは、そうではなく、あの宿業論は自由ということにそむくものではないということを思うておりました。が、行動と生活ということを考えてみると、そういうことをいう必要もなかったのではなかろうか。自由は行動の上にあることであって、生活の上にいう必要のないことである。自由不自由は、行動の上にあることであって、人間生活をしていこうというところには、自由だの不自由だのなどということはない。ただ宿業のままに生活をしていこうというものがあるのみであります。

行動の世界は自由があるから不自由がある。そしてその自由のよさは、さわりがあるということでしょう。さわりのないところに自由はない。邪魔をするものがあるから、それを打破していくところに、そこに自由の世界がある。行動の方向に障害物があって、その障害物を打破していこうというところに、自由という感覚があるのであろう。しかし生活に即して念仏するものには「念仏者は無碍《むげ》の一道なり」(『歎異抄』)でさわりがない。その無碍の一道には自由も不自由もないのであります。「念仏者は無碍の一道なり」で、念仏ということによって、どうにもならない煩悩の生活が、そのまま菩提の道となる。闇より闇への道であるかのように感じられているものが、光より光への道となるというところに、無碍の一道というものがある。無碍の一道とは、さわりのない境地でありまして、ここには自由もなければ不自由もない。自由だの不自由だのといわないところに無碍の道がある。

しかし、そうは申しますものの、あらゆる行動は生活意識の中に摂めていくことができるならば、またそれだけの機根があるならば、その人はすべての行動を生活に即するものとして、浄土の教えを、ありがたくお受けになることができるであろう。時代は、あらゆるものが行動的になって、それが人間に自由を与えるということになっておりますが、それはますます生活を見失わしめているのではないでしょうか。それがどうすることもできないものとすれば現代の要求する宗教は行動の原理となるものであり、真宗もそのようにせねばならない、と考える人があるかも知れません。しかし七百年の間、私たちの親たちも教えられ、その伝統を受けて育てられたものにとりましては、浄土教は、生活に即するものなるがゆえに、行動の原理となれという要求には応ずることができないように思われます。

とすれば、これからの真宗は――ということを考えるよりも、今日までの真宗の伝統を喜んで、ご遠忌におうたことに親たちの分まで身に受けて、ありがとうございましたと感謝する、それより他に道はないと思うのであります。

要するところ、「浄土の機縁」と題しまして、申したかったことは、時代を縁として、それに悩むものが「機」となるということでありました。浄土を願うことは、この機縁によるものであり、本願を信ずることも、念仏を申すことも、この機縁によることであります。そのことは、これからお二人の先生がお話ししてくださるのでありますから、皆さんとつつしんで聞かしていただきましょう。これをもって、私の話を終わります。

（昭和三十六年七月『教化研究』第三十三号　御遠忌記念講演）

浄土真宗

大無量寿経 真実之教 浄土真宗

謹《テ》按《スルニ》二浄土真宗《ヲ》一有《リ》二二種《ノ》回向一。一者《ニハ》往相、二者《ニハ》還相《ナリ》。就《テ》二往相《ノ》回向《ニ》一有《リ》二真実《ノ》教行信証一。

（謹んで浄土真宗を案ずるに、二種の回向あり。一つには往相、二つには還相なり。往相の回向について、真実の教行信証あり）

「大無量寿経 真実之教 浄土真宗」の標挙は各巻と対照してとくに「教巻」の内容を表示するものと思われる。されどこれはおそらく同時に『教行信証《きょうぎょうしんしょう》』の全巻を総括するものであろう。『教行信証』は浄土真宗をあらわすものであり、真実の教は方便の法を摂めるものである。したがって『観（観無量寿経）』『小（阿弥陀経）』二経の所説も『大無量寿経』の法に帰入するものである。

しかるに浄土教は聖道《しょうどう》に対するものであり、真宗とは仮門《けもん》でないことを意味するものである。しかして聖道とは出家の行法であり、真宗とは凡夫の仏教である。ここに真宗はすなわち仏法であるが、聖道は必ずしも真宗ではないということが思想せられる。しかれば浄土真宗に二種の回向あることは、まずもってこのことをあらわすものである。

「選択《せんじゃく》本願《ほんがん》は浄土真宗なり」（『末灯鈔』）といわれ、「念仏成仏是真宗（念仏成仏これ真宗）」（『教行信証』「行巻」）と言われている。しかれば往相還相も本願力によりて成立し、二種の回向も念仏において受容されることであろう。これによりて教行信証の四法は往相回向に属しながら、かえってまた還相回向も四法に内摂するように説かれてあるゆえんが了解せられる。そこに二種の回向とあらわされた旨趣があるものである。

「往相の回向について真実の教・行・信・証あり」（『教行信証』「教巻」）とあらわされた。「如来はすなわちこれ真実なり、真実はすなわちこれ虚空なり」（『教行信証』「信巻」）と説かれてある。しかれば真実の教・行・信・証は如来の教・行・信・証であり、また大経・大行・大信・大涅槃である。ここにはかえってまた真実の四法であるから如来の回向であるということにもいただけるのであろうか。したがって四法いずれの一法をあぐるも、そこに真実があらわされているのである。

（講義テキスト）

一

真宗は仏教であるが、仏教は必ずしも真宗ではない。仏教は生死解脱《しょうじげだつ》の法を説くことにおいてまったく外教《げきょう》と異なるものである。しかして真宗もまた生死の迷いを離れる道を教えるものである。だから真宗は必ず仏教であらねばならない。そのことが見失われれば真宗も外教と異なるものはないこととなるであろう。しかし仏教は出家の法である。聖者の道である。これに対して真宗は群萌《ぐんもう》の法である。凡夫の道である。しかるに宗教とは天下万人の帰依となるべきものとすれば、仏教は宗教でないともいえるのであろう。したがって真宗のみが「仏教にして宗教」であるのである。この意味において真宗とは文字通り真実の宗教である。

これによりて思うに真宗即是《すなわちこれ》仏教とあらわすものは真実の教・行・信・証である。その四法がいずれも大経・大行・大信・大涅槃と呼ばれることは一切群生海を光被《こうひ》するものであるからである。これによりてのみ仏教が大乗であり一乗であることを得るのである。しかるにその真実四法の帰趣をあらわされた「真仏土巻《しんぶつどのまき》」に次いであかされた「化身土巻《けしんどのまき》」は、かえって仏教必ずしも真宗でないことを説くものである。だから九十五種の邪道《じゃどう》を出でて道に帰しても真実なるものは少なく、虚偽《こぎ》のものの多いことから出発して真宗へと帰入する過程があらわされているのである。

二

『大無量寿経』が真実の教であることは、「如来の本願を説いて経の宗致《しゅうち》となす、即《すなわ》ち仏の名号をもって経《きょう》の体《たい》とする」(『教行信証』「教巻」)からである。しかしなぜに本願名号を宗体とするものが真実教であるかといえば、これより他に凡小を哀れみ、群萌を拯《すく》う方法がないからであろう。群萌にとりて、生死を超える法は念仏のほかなければ、凡小にとりての仏教とはただ本願を信ずる道のみである。したがって、本願の浄土へ念仏して往生する、その教のみが群萌の真実の宗教となるのである。しかれば浄土真宗ということは、真宗の意味を明示するものであらねばならぬ。

三

「浄土真宗を按ずるに二種の回向あり」といわれている。回向とはそれが公道であることをあらわすものである。衆生の行を摂取して如来の功徳となし、如来の行を衆生の利益として成就するものである。ゆえにこの公道的回向は如来と衆生との間にのみ行われるものである。しかしてこの回向こそは真宗の教えの伝統となっているものである。

この伝統は師資《しし》相伝《そうでん》とか面授《めんじゅ》口訣《くけつ》とかいうものとはまったく異なるものである。相伝や面授やは聖道にあっても真宗にはない。真宗はあくまでも弟子一人ももたない教である。またそこに深く本師源空《ほんじげんくう》と仰ぎつつも自身をその弟子と名のられなかった親鸞の心境があるのであろう。「釈迦・諸仏の弟子なり」(『教行信証』「信巻」)といわれている。その釈迦も諸仏の代表者であるから、本師源空もまた「諸仏方便ときいたり」(『高僧和讃』)て、その身をあらわされたものである。しかれば七祖《しちそ》の相承《そうじょう》といっても、その実はおのおの真宗を興隆して、大いなる諸仏伝持の流れに帰入せられたるものである。

しかるに浄土真宗にこの公道的意義あることは如来の本願により、仏の名号にあることは言をまたない。したがって二種の回向も本願力の回向による二相であり、南無阿弥陀仏に具わる二益《にやく》であるに違いないのである。この意味において浄土真宗に二種の回向あることは本願為《ほんがんい》宗《しゅう》、名号為体《みょうごういたい》(本願を宗と為し、名号を体と為す)から見開かれたものであることは推知せらるべきである。

四

しからばその二種といわれる往相還相とはいかなるものであろうか。往相回向として説かれていることは、念仏者に本願力の受容せられるという事実である。それは四法のうちにもとくに往相回向の重点が行信《ぎょうしん》におかれてあることにおいて明知《みょうち》せられる。教は受容の始めであり証は受容の終極である。この始終なくば行信も真に回向の法であることが思い知れぬに違いない。しかしまた行信としての受容なくば教証もその公道性をあらわすことができぬのである。

これに対する還相回向は念仏者にあらわれる本願力の表現である。それは法蔵因位《ほうぞういんに》の徳である本願力回向の語が、そのまま還相の徳として説かれてあることによりて推知せられる。したがってこの還相の徳なくば本願力回向ということも究極的には成就せぬものといってよいのであろう。念仏の身に本願の心を受容すれば、その究極には必ず本願力を表現するものとなるに違いない。これすなわち弥陀と同証一味《どうしょういちみ》の身となることである。しかれば往還二相ありて回向の意義は満足されるのであろう。二種の回向とは、すなわち回向の二相である。しかし受容と表現ということを、もし現実の宗門的意義にいい換えれば、教学と教化といってよいであろう。還相の教化であることはすでに「利他教化地《りたきょうけじ》の益《やく》なり」(『教行信証』「証巻」、『浄土文類聚鈔』)といい、また「利他教化の果」(『高僧和讃』)とあることで明瞭である。しかれば教学は往相であるべきなのが当然ではないであろうか。「もし行を学ばんと欲《おも》わば、必ず有縁《うえん》の法によれ」(『観経疏』「散善義」)、その有縁の法は念仏であり、その法を学ぶことは聞思し推求することである。ここに行・信二巻の趣旨もいただかれることではないであろうか。清沢《きよざわ》(満之《まんし》)

先生いわく、「真宗大学の目的は他力信心を獲得するにあり」と、思い合わされることである。

五

とはいえ親鸞における教学は、経釈の解説や研究でなかったことは言をまたない。『教行信証』は身にひきあてて受容された聖教文集である。これに対して教化ということは、深い念願であったように思われる。それは「小慈小悲《しょうじしょうひ》もなき身にて　有情利益《うじょうりやく》はおもうまじ」（『正像末和讃』）の語にも反顕されている。まことにこれ深い願いあるものの反省である。しかればその反省はさらに受容の喜びとなれるものであろう。教・行・信・証を往相回向として受容せられた心にも、還相回向は忘られてはおらぬのである。

ここに「往相の回向について真実の教・行・信・証あり」（『教行信証』「教巻」）とあらわされた。真実とはすなわち如来であり、虚空である。しかれば教・行・信・証は群萠に受容せられている如来の教・行・信・証である。また虚空とは大いなるものである。それで四法は『大経』による大行・大信・証大涅槃といわれるのであろう。その大とはすなわちおおやけなるものである。そこに真の智慧と実の慈悲とが円満しているのである。こうして教・行・信・証はその真実においてかえって回向の法なることが明らかにせられたのである。

しかれば四法は往相に属すれども、如来の回向であることにおいて還相の徳をもつものであることは言をまたぬことであろう。しかるに親鸞は還相をもって常に証後《しょうご》の益とせられた。それはすでにいうように自身の反省によることであろう。またこれ群萌に行現《ぎょうげん》されるものではないからである。しかしそれはいかなる意味においても現生にあらわれないということではない。かえって利他教化を証後に期するものにこそ、現生に常行大悲の益としてあらわれるのではないであろうか。現生に還相利他を行おうとするは自力である。常行大悲の益として受容するものは群萌の心である。しかればその徳を往相に具えつつ、証後に期待されるところに還相回向の意義があるのであろう。そこに願力自然の大道があるのである。

本年夏安居《げあんご》に「教文類」の講義をさせていただいた。そこでは本文に親しみつつ領解《りょうげ》したことであるから、この論文に相当するところも『講録』を参照して欲しい。ここではもっぱら今のこの身に受容せられる感想を述べることにした。

（昭和三十七年四月『教化研究』第三十五号　特集「教巻」研究　伝道研修会講義）

至誠心について

一

今あらためて『浄土和讃《じょうどわさん》』「観経意《かんぎょうのこころ》」九首の和讃を誦《じゅ》すれば、前八首はすべての経の序《じょ》分《ぶん》の意であり、ただ一首のみが正宗分《しょうじゅうぶん》についての讃である。これおそらく『観無量寿経《かんむりょうじゅきょう》（観経）』の正説は、

定散諸機《じょうさんしょき》各別《かくべつ》の
自力の三心《さんじん》ひるがえし
如来利他《にょらいりた》の信心に
通入《つうにゅう》せんとねがうべし
（『浄土和讃』）

と教うるもののほかないということであろう。そのことを明らかにするものが、王城に起これる事実である。したがって『観経』が経であるゆえんは、至誠心《しじょうしん》・深心《じんしん》・回向発願心《えこうほつがんしん》を説くことにあるのであって、王城の事変を叙述することにあるのではない。いうまでもなく、王城

の事変のようなものがなくては、『観経』の三心《さんじん》の意は如実《にょじつ》に了解されぬのであろう。といっても王城の事変は過去のことであり、現在のわれらに課せられているものは、いかに三心を具足すべきかにあることは明らかなことである。

この意味において『観経』は正しく三心を説きたまえる経であるといってよいのであろう。それは善導の釈意であったに違いはない。さればこそ三心の解釈にとくに力をそそがれたのであろう。化僧《けそう》の指示によるものであるから一字一句も加減してはならないと記された敬虔さも、ひとえに三心釈において感ぜられることである。これによりて三心釈のはじめにあらためて「『経』云一者至誠心（『経』に云わく「一者至誠心」）」（『観経疏』「散善義」）といい、その終わりには「此三心亦通㆓摂定善之義㆒（この三心、また定善の義を通摂す）」（同）と結ばれてある。これすなわち定散二善というも三心におさめられて往生の行となる、その意を説くより他に『観経』はないということをあらわすものである。しかれば「即以㆓観仏三昧㆒為㆑宗、亦以㆓念仏三昧㆒為㆑宗、一心回願往㆓生浄土㆒為㆑体（すなわち観仏三昧をもって宗とす、また念仏三昧をもって宗とす、一心に回願して浄土に往生するを体とす）」（『観経疏』「玄義分」）ということも、三心において見ひらかるべきことであろうか。

しかしかくまでに三心の経説を尊重せられた善導には、痛切なる人生経験と深刻なる人間的自覚があったのであろう。『観経』の釈家は多いが善導の三心釈のように厳粛にして微細なるものはない。それは学識というようなものでは到底うかがわれないものであるからであろう。善導の伝記からその経験と自覚とを察知することのできないわれらは、かえって三心釈をもって善導の自叙伝であると思うほかないことである。『観経』は有縁の経として、さぐりあてられたものに違いはない。されど有縁の経であるから、どこまでも身につけて行かねばならぬという道念は、いかに強烈であったことであろうか。その道念による深い反省が三心釈となってあらわれたのである。

その道念の反省において王城の事変が読まれたのである。それはすなわち善導自身の相を王城の事変の上に直感されたのである。したがって善導の三心釈は王城事変の主役である韋提希《いだいけ》の立場に身をおいてなされたものに違いない。ここには韋提希はこれ実業の凡夫であるといわれた言葉の深さがある。それがわれらの立場においては、『観経』序分の王城事変も、善導の三心釈の意にて読むべきことを指示するものである。

二

しかるに経説における韋提希の行為は至誠をもって一貫しているように思われる。夫王の幽閉にも心乱されず善処せることは賢夫人らしきことともいわれよう。自身も深宮《じんぐ》に閉置せられては、愁憂《しゅうう》に沈み悲泣《ひきゅう》の涙にくれたのであるが、その時にも救いを教法に求めたのであった。

それが釈尊の来現に接し、愚痴まじりに人間苦を訴え浄土を願えるのである。この韋提希の身上に見られることは、至誠心あるもののまぬがれることのできない苦難である。そしてその苦難が浄土を願わざるをえざらしめた、その浄土は光台現国《こうだいげんごく》の阿弥陀仏の浄土である。こうしてわれらは韋提希の求道の上に至誠心・深心・回向発願心の相を見ることができるのである。

したがって善導の三心釈は、この韋提希の心境を反省しつつなされたものといってよいのであろう。ここに至誠心を「「至」は真なり。「誠」は実なり」（『観経疏』「散善義」）と定義して、凡夫の至誠は真実でないことをあらわし、「されば外に賢善《けんぜんしょうじん》精進の相を現わしてはならぬ。内に虚偽《こぎ》を懐いている身である」（『観経疏』「散善義」取意）と直言せられた。それは韋提希にも思いあたることであらねばならない。されどさらに「貪瞋、邪偽、奸詐《かんさ》の端《いとくち》さまざまで、その悪性の止め難きこと蛇蝎《じゃかつ》のごときわれらである。かかる身においては、善というも雑毒《ぞうどく》であり、行というも虚偽である。真実の業とはいわれない」（同）というにいたりては自責も度が過ぎるものではないであろうか。それを韋提希の自覚に強いることは、いかにしても無理と思われるのである。

ここに善導は王城の悲劇の宿縁を明らかにせざるをえなかった。それは決して単純なる昔話ではない。親鸞もまた「宿因《しゅういん》その期《ご》をまたずして　仙人殺害《せつがい》のむくいには」（『浄土和讃』）と歌うているのである。その宿因をかえりみれば、至誠といっても貪瞋をまじえての邪偽であり、蛇《へび》のごとく執念ぶかく蝎《さそり》のごとくに毒を含むものといわれても、返す言葉のないことであろう。こうして至誠心をもって貫こうとした韋提希も批判されねばならぬのである。

しかし善導の至誠心釈は、決して韋提希の心境を批判したものではない。ただ自身を韋提希の立場において反省せるのである。「自身は現にこれ罪悪生死の凡夫」(『観経疏』「散善義」)ということは「自身は」という主体においてのみいいうることであって「汝は」という客体において語りうることではない。さればこそ大聖釈尊も韋提希に対しては「汝はこれ凡夫なり」(『観無量寿経』)とのみ告げて、その無反省を責められることはなかった。善導もまた韋提希は実業の凡夫とまで説きえても、韋提希は罪悪生死の凡夫であるとはいえなかったのであろう。したがって韋提希が「自身は現にこれ罪悪生死の凡夫」と深信することは、韋提希自身の自覚をまつ他はないことである。思うてみれば『観経』一部は韋提希をして自然にその自覚をえせしめる大悲方便の説であったのであろう。『観経』の隠顕とは、この大悲方便を意味するものである。顕とは釈尊の教説であり、隠とは韋提希の領解である。それはすなわち仏説の密意が身心に徹到せるのである。

したがって隠顕の実意も、とくに至誠心・深心・回向発願心の経説においてあらわれているのであろう。その経意を体して善導の三心釈がなされたのである。これによりて親鸞が『観経』に隠顕ありと領解せることも、とくに善導の三心釈から見ひらかれたのであった。至誠心であれという仏陀の教説のうちに真実心のない身を大悲せられるありがたさを感ずる。それより他にわれらの救いはないのである。

三

ここでわれらは善導の至誠心釈において真実を如来の心とし、とくに「身・口・意業の所修の解行、必ず真実心の中《うち》に作《な》したまえるを須《もち》いることを明かさんと欲《おも》う」（『観経疏』「散善義」）といい、さらに、凡夫の「雑毒の行を回して、かの仏の浄土に生まれようとおもうことは、断じて不可であるといわねばならぬ。なぜならば、かの阿弥陀仏因位に菩薩の行を行じたまいし時には、身・口・意に修めたもうところ、一念一刹那も真実心でないことがなかったからである」（『観経疏』「散善義」取意）と説かれてあることに留意せねばならぬ。この解釈には明らかに『大経』の教説が対応せられているのである。

その『大経』は「はじめは広く如来の願行（因）とその成就としての浄土（果）とを説き、後は衆生《われら》がその如来の願行に摂受せられ（因）て往生の益を得（果）ることをあらわしたもう」（『述文賛』取意）ものである。その願行としては五劫思惟《ごこうしゆい》の本願と兆載永劫《ちょうさいようごう》の修行があり、その成就としては十劫以前の正覚が説かれている。また衆生の往生としても、信心歓喜《しんじんかんぎ》による即得往生《そくとくおうじょう》と、三輩の往生人による諸行とが説かれているのである。されどこの経においても、その中心となるものは四十八願のほかないのであろう。あるいは第十八の願を説く経であるといってよいかも知れない。如来の本願としての真実は、この願にあらわれているからである。

しかしはじめから四十八願を説いただけではその如来の本願であるという性格が明らかにならない。四十八願は菩薩の模範とすべきものではなく、群萌にかけられた如来の悲願である。そのことをあらわすものが法蔵因位の本願であり、兆載永劫の修行でもある。そこに見逃してはならないことは、如来の本願であるから久遠劫来の宿願であることである。もし菩薩の模範であるならば将来をかけての理想ということとなるであろう。それは指導者の精神であって群《ぐん》生《じょう》の帰依となるものではない。われらの宗体として行信されるものは、ただ如来の本願である。そのことを明らかにするものは、五劫思惟の願であり、永劫修行の行である。

したがって五劫の思惟も永劫の修行も、ただ昔物語として了解されるものではない。ひとえに如来の願の性格をあらわすものとしてのみ経意にかなうのである。

縦令《じゅりょう》一生造悪の
　衆生引接《いんじょう》のためにとて
　　称我名字と願じつつ
　　若不生者《にゃくふしょうじゃ》とちかいたり
（『高僧和讃』）

と讃ぜられた。その称我名字の願意を語るものは五劫思惟である。思惟は選択摂取のために行われる。その選択は称名の摂取であることは『選択集』の本願章に明らかにせられた。これに対して永劫の修行は「若不生者の誓い」によるものである。「欲覚・瞋覚・害覚を生ぜず……諸《もろもろ》の衆生をして功徳成就せしめん」（『大無量寿経』）という、あくまで責を自身に負うことは、誓いを果たそうとするものの修行であるに違いない。こうして如来の本願を明らかにするために説かれた法蔵因位の物語は、当然ただ本願の性格をあらわすものとして領解されねばならぬものである。

四

しかるにその永劫修行の経文は、今や善導においては如来の真実心をあらわすものと領解せられた。「かの阿弥陀仏因位に菩薩の行を行じたまいし時には、身・口・意に修めたもうところ、一念一刹那も真実心でないことがなかった」（『観経疏』「散善義」取意）といわれる。われらはそのような真実心がありうるかを疑う。されど一点にても邪偽がまじわれば真実心といわれないのである。また一念なりとも虚仮の時あらば真実心でないことは明らかである。しかれば一念一刹那も邪偽のまじらないということこそ如来の真実心の性格であるといわねばならぬのであろう。一滴でも毒が交われば美膳も食することができない。一念にても真実心を欠けば永劫の修行も空しきものとなるのである。その真実心によりて成就せられた本願の浄土へは、凡夫の至誠心では生まれることはできない。「雑毒の行を回して、かの仏の浄土に生まれようとおもうことは、断じて不可である」(同)。何故ならば生まれるということは感ずることである。浄土に生まれるとは浄土を感ずることであらねばならぬ。しかれば真実心によりて成就せられた浄土は、雑毒の行によりて感ずることのできぬは当然といわねばならぬからである。

しからば凡夫が浄土に往生するということはまったく不可能なことであろうか。ここにはただ一つ可能の道がある。それは「必ず真実心の中《うち》に作《な》したまえるを須《もち》いる」(『観経疏』「散善義」) ことである。自力の至誠心をもちいないで本願の真実心をもちいることである。すなわち永劫修行によりて成就せられた真実心をもちいるのである。その真実は誓いの心に行われたものであるから、その功徳はすべて衆生へと回施せられてあるのである。その如来の施したもう真実をもちいて往生を願ってこそ、真実心といわれるのである。それが如来利他の真実である。されば凡・聖・智・愚をえらばず、みな真実をもちいよ。それでこそ経説の至誠心にかなうものである。

ここで如来の真実心をもちいるということは、「本願を信じ念仏申す」ことのほかないことは、いうまでもないことであろう。念仏申すことは自力の行ではない。なぜならばそれは雑善を離れることのできない悲しみにおいて行われるからである。したがって本願を信ずるとは、念仏をもちいることのほかないであろうし、それが凡夫に「至誠なれ」と教えられた経説の隠れたる意義である。これすなわち至誠心は真実心へと帰入して成就するということである。

五

ここにあらためて思うに、深心・回向発願心の解釈も、すべては至誠心釈から展開されてあるようである。至誠であろうとして見出されたものは、かえって虚偽不実の自身にほかならなかった。その自身こそ「現にこれ罪悪生死の凡夫、曠劫《こうごう》より已来《このかた》、常に没し常に流転して、出離の縁あることなし」(『観経疏』「散善義」)と深信せざるをえぬものである。したがって発願回向というも、ただ如来の真実をもちいるのほかないことである。それが「かの阿弥陀仏の四十八願は衆生を摂受して、疑いなく慮《おもんぱか》りなくかの願力に乗じて、定んで往生を得」(同)という深信である。こうして至誠心から深心があらわれ、深心から回向発願心が生ずるのであった。それで深心釈にも至誠心があらわれ、回向発願心釈にも深心が貫かれているのである。

しかれば『観経』の教説として、われらに求められているものは、究極のところ至誠心にほかならぬといってよいのであろう。人間にとりては至誠であるより他に道はない。至誠こそ人間の命であり、光である。その至誠とは当然真実であらねばならぬ。されど人生の経験はしばしば真実を見失わしめる。真実というようなものははたしてあるものであろうか。それはまことに悲しい疑いである。絶望的なる問いである。

しかしその疑いを悲しまねばならないことは、真実のある明証ではないであろうか。絶望することは、絶望を介しその根源に真実があるということではないであろうか。われらはこの超躍的論理を自決するよりほかないようである。されどそれが自決である限り疑いも消失せぬのである。ことに釈尊の教えによりて弥陀の本願を聞くことを得たという善導の喜びがあった。しかしてその教えを聞くことによりて、自決はそのままに真実の道理に相応するものとなるのである。ここに悲しみと喜びとが交流し、「出離の縁」なき身が「定んで往生を得」るものとなるのである。

これによりて仏法というも真実心を説くものにほかならぬのであろう。清沢（満之）先生は「仏教の目的はつまり至誠の心を吾人に発得せしめんとするの外はない」（「真宗中学の生徒へ」）といっておられる。しかれば先生の精神主義というも、つまりは至誠心の反省であり運用である。たとえば他に対して法を語ろうとする。至誠であらねばならない。その至誠が自身に欠けていることを感じても、聞くものの至誠を疑うてはならぬのである。

さらに自他の至誠心なきを思うては説聴の周縁の背後にある如来の至誠を疑うてはならないというようなことが説かれてあった。その至誠心の深い自覚と反省とが善導の行信となったのであるが、それと相照するものとして、韋提希の苦悩と求道とが思い知らされたのである。その深い意味において本願念仏の真宗もまた至誠心を根本とするものといってよいのであろう。

至誠心は真実心でないとしても、真実心を呼び起こすものはただ至誠心であるからである。

（昭和三十七年四月『教化研究』第三十六号）

浄土教縁起

一

浄土教縁起という題を与えられたのであります。その浄土教縁起という題において『観無《かんむ》量寿経《りょうじゅきょう》（観経）』を見るということはすでに私が講話したものも発刊されているのでありますから、いずれ今日の話はそのことのくり返しにもなるでありましょう。あの時分には、寺々にその寺の御縁起というものがありますと同じように、浄土教というものにもいわば御縁起というものがある、という意味で浄土教縁起という言葉を用いたのであります。それを今日さらに考えてみますと、この縁起という言葉も相当に大事な言葉でありまして、大乗仏教は因縁縁起を説くよりほかないということもいわれておるのであります。そういたしますと、寺々の御縁起という、その場合の縁起ということも仏教の思想として大事なことであるとこう考えてよいのでありましょう。話はそこまでいくかいかんかわかりませんが、今日、浄土教縁起ということで話そうと思いますことは、その大事を思いながらかつて話したことをもう一遍ここでくり返してみたいのであります。

あの時には、浄土教というものは三つの不決定感情からあらわれたものであると、こういいあらわしました。どちらとも決めることができない感情、気持ちとしてはどちらとも決めることはできない、またどちらでもあるというものがありまして、それを数えあげてみると三つある。

第一は、人間は悩むというのでありますが、その苦悩というものが人間の経験する苦悩であるか、それとも人間であることの苦悩であるかということをはっきり決めることができない。それが浄土教というものを生んだのであるということであります。

人間一生涯の間にいろいろ苦しみを経験する。病気するということあり、それから生活に困るということがあり、あるいは親を亡くしたり、子を亡くしたりするということもみな人間の一生において経験することなのであります。で、この経験というのは人さまざまでありまして、あるいは病ということを知らないで一生終わる人もあるかも知れません。また幸いに子供が沢山あっても一人も亡くした覚えがないという人もあるのであります。まあそういうふうな、誰でも経験しているようなことでなくても、人知れない、いろいろの悩みをもっている人もあるのでありましょう。そういうことはみんな人間の経験する悩みという言葉の中におさめてよいのであります。このような意味は今、申しましたように、経験の多少ということもありますし、あるいはそれは浅い深いというようなこともあるかも知れないのであります。

ところがそういうことにかかわりがなく、人間であることの悩みというものがある。経験の上においてあってもなくても人間なのだからして、人間である限りは悩まなければならないというふうなものがある。死なねばならないというふうなものがある。死なねばならんということもその一つに数えてよいのでもありましょう。けれども、それだけではない。動物や機械でない限りにおいて人間であることの悩みというものがあるのであります。

こういうふうに二つに悩みというものを分けて考えますと、元来お釈迦さまのお説きになりました仏教というものは、人間であることの悩みというものを解こうとしたものであると考えることができる。「老・病・死を見て世の非常を悟る」と『大無量寿経《だいむりょうじゅきょう》』にありますが、しかればお釈迦さまは人はみな死ななければならないということを問題にして、出家し道を求められたのであります。ということは、これはどんな人間でも悩まなければならんのであるから、その苦悩を離れるためには出家して、生死の彼方なるもの、すなわち涅槃を求めねばならないということになった。その生死解脱の法を求めるということは、これはつまり人間であることの悩みというものを解こうとせられたのであります。

こうしてお釈迦さまは生きる悩みとこういわれたのでありますが、お釈迦さまが亡くなられると、御弟子たちの間に疑問が出た。それは人間の生活というものは苦しいに限ったことはない。楽しいこともあるではないか。それを一概に人生は苦なりということを説かれたのはどういうものであるかという問題であります。そういう問題に対していろいろの説が出ております。人間は苦しいというのが本当なんであって、楽しいというのは肩休めのようなものである。左の方に重荷をかついで苦しいといっているが、それを右の肩に移して左の方は楽になったというている。けれども、結局それは肩休めであって、実際は苦を離れることはできぬのである。こういうような議論も出てきておるのであります。

そういう議論が出てきた時に、最後に断案として出てきたものは「人間世界のあり方というものは聖心に違するから苦というのである」(『倶舎論』取意)ということになった。苦しいということは聖心に違することである。聖者の心にそむくことを悩みというのであって、必ずしも痛いとか、つらいということだけでなしに、この世のことというのはさとりの心にそむいているということで苦といわれたのであると、こうもいわれたのであります。ですからして仏教というものは要するに人間であることの悩みというものを解いていこうということである。そうすればおのずから人間の経験する悩みというものも解ける、と考えることもできる。

けれども、人間の生活の中にある限りは、とにかくいろいろの悩みがあるのが普通である。その悩みというのは愛欲による。苦は愛によるということでありますから、人間世界の執着のある限りは悩みを離れることはできない。だから人間の執着を捨てて、愛欲を捨てて、そして出家して仏道を修行しなければならんということであります。それがお釈迦さまの仏教でありますから、仏教本来の道行きは人間であることの悩みというものを解いていこうというところにあるのであります。それが本当に解けていけばおのずから人間の経験する悩みというものを解いていくことができるのであろうということも考えられてきたのであります。ところがそういうこともあろうけれども、我々のもっとも経験するものはそういうような人間であることの悩みというものでなくして、すべて人間の経験する悩みなのではないでしょうか。

我々がこの世の中へ生まれた以上は生きていかなければならん。生きていくことの妨げになるものは生活に苦しむとか、あるいは病むということである。つまり我々にとって悩みというものはすべて経験的なものであって、人間であることの悩みというものはことに自覚を要するものでなければならない。人間にとっての問題はただ、経験する悩みというものをより少なくして、そしてできればまったくないようにするのが本当ではないか。これは世間常識というものでありまして、文化というものもそれによって進んできたのであります。病人がないようにし、生活に困るものがないようにしようという、そういう形で文化が進んできたのである。

宗教といえども、そういうものをないようにするところに、その意味があるのであろう。だから病がないように、生活に困るものがないようにという、そういう現世利益を与えるものこそ本当に宗教であって、現世をこえて生死の彼方なるものを求めようというものは、それはまあ仏法かも知れませんけれども、人間の宗教というものではない。こういうことで多くの世間の教えがあるのであります。

そういうように考えますと、仏教というものは、世間を超える道、すなわち出世間の教えであり、仏教を除いて世の宗教はみな世間教であると、こういってさしつかえないのであります。人間はこうしていけば幸福になれるという、そういうような意味において人間の経験する悩みというものを何とかして解いていこうという形のものである。こういってもいいわけであります。

二

こうしますと、そこに二つの考え方が出てくるのでありますが、浄土の教えというものはどちらが中心なのであろうか。人間の経験する悩みというものを離れて、そして人間であることの悩みというものを考えることはできない。そういう点から申しますれば、経験する悩みというものが、やがて人間であることの悩みということを思わせるのであって、本当に我々身にしみて感ずることは経験する悩みでなくてはならない。しかしながらその経験する悩みの根底には人間であることの悩みがあるのであろう。だからそれを解かない限りは、また人間の経験する悩みというものもなくすることはできない。

しからば仏教のいう通りに人間であることの悩み、すなわち生死解脱の問題というものが解けてしまったならば、それで人間の経験する悩みはなくなるであろうか。道理からいえばそのようである。けれども、根本的な生死解脱の問題は解けておっても、やはり世の生活に悩むということがある。それで仏教のさとりの道というものがわかっても、しかも人間である限り一生涯その悩みを離れることはできない。そうするというと、我々の苦悩というものは大体どこまで人間の経験する悩みであろうか。その根底には人間であることの悩みがあるとしましても、それが解けたということで、それですっかり人間の経験する悩みというものはなくなるであろうかということを決めることができない。その不決定感情というもの、そこからこの浄土教の教えというものがわかってくるのであります。

浄土の教えというものは、これはまあ今さらいわなくてもおわかりでしょうが、人間の一生を終えてそしてお浄土へ生まれてさとりをひらくということであります。そしてその教えというものが昔もそうであったんでありましょう。けれども今日では多く知識人には受け入れられず、青年にもまた死んでからのお浄土の教えは聞かんでいいということになっているのでありますす。そういうふうに浄土の教えというものはこの時代の知識には入れられないような形になっております。

その浄土の教えというものがどうして出てきたのかという縁起を調べる時になるというと、

その時代の人々が、いわゆる現世利益という形で求めているように、人間の経験する悩みさえとれればいいということで落ち着かないものがあり、さらばといって禅宗などのいうように人間であることの悩みさえ解けてしまえば、もうそれで人間の経験する悩みというものは何でもないことになると、こういうふうなところまではいくことができないという、その感情の決まらないこと、どちらが中心であるといえないところに、そこにこの世でさとりをひらくのであるといい切れないということがあるのであります。

もし人間であることの悩みさえ解ければ、もはや人間の経験する悩みというものは問題にならなくなるんだという、そこまでいけばこの世でさとりがひらけるのであります。まあ今日禅ブームで禅は非常に繁昌していますが、おそらく禅の究極からいえばそこなのでありましょう。つまり禅というものは修行すれば、要するに人生というものはどうなってもいいということになるのであります。生死解脱の境地、色即是空のそういう立場に入れば世の中はもうどうなってもいいではないか。ということになれば、この世でさとりがひらける。そしてそうなってくれば、死んでから後をいわないでもこの世は浄土であるということになる。だから人間にとっての重大な問題は、人間であることの悩みさえ解けばいい、それが仏教であるという。またそれと同じように、人間の経験する悩みをとってさえ行けばいいのだということになれば、この世は浄土だということはいえなくても、この世を浄土にするのだということはいえるのでありましょう。遠い浄土へ行こうと願わずとも、この世を浄土にするのだということもいえるのでしょう。

　しかるにこの世が浄土であるともいわない。またこの世を浄土にするのであるともいわないで、一生涯の終わりに浄土へ行くのであるということをいわなければならないということは、どういうわけであるかといえば、今、申しましたように人間であることの悩みと人間の経験する悩みというものとが、それがあい離れないからであります。

『観経』はまずもって我々にそのことを教える。韋提希《いだいけ》夫人のはじめに悩まれたものは人間の経験する悩みであったのであります。夫の王様がわが子のために七重の牢へ入れられた、さあどうしようかというようなことは人間の経験する悩みなのですから、その経験する悩みというものは何とか人間の知識で解いていくべきはずのものであります。病気になったらどうしよう、生活ができなくなったらどうしようというならば、その時はこうするのであるという知識があるはずであります。それで韋提希夫人も最初はいろいろ人間の悩みを経験せられたのでありますから、その時にはこうしようということで体を清めて食物を牢屋へ運ばれたというようなこともできた。経験的な悩みであった時には韋提希夫人は賢夫人であったのであります。それが自分もまた牢獄へ、内宮へおし込められたということになりますというとどうすることもできない。そのどうすることもできないというところに、人間であることの悩みというものを深く感じられたのでありましょう。そうなって、賢夫人であった韋提希夫人が一転して愚かな者となられた。というところに、浄土教が『観経』によって韋提希夫人を中心として説かれたということを一つ念頭においていいのでありましょう。

三

第二の不決定感情は、第一の不決定感情を内側から見ていくのであります。内側から見ていくというと、さまざまのことに悩むというところに一つのさわりがあり、そしてそのさわりを感ずるところに罪障というものがある、業障というてもよろしいんですが、生活のさわり。その生活のさわりは、時によると思わぬこともする、心の外なることもするということを、罪という言葉であらわすといたしましょう。そうしますと、人間の上においては、人間の犯す罪というものと、人間であることの罪というものが考えられるのであります。

人間の犯す罪というものは、つい嘘をいうてしまったとか、交通事故を起こしてしまったというようなことであります。その人間の犯す罪というものをなくそうというところに、政治の目的がある。知識のはたらきというものもあるのでありましょう。また道徳ということを考えて、こういうことをしてはならん、ああいうことをしてはならんというふうなことを決めるのである。それはみな人間の犯す罪というものを中心にして考えておるのであります。

ところが韋提希夫人によって感じられたもの、浄土教というものがどうして出てきたかということを考えますと、そこに人間であることの罪ということがある。人と生まれた罪の深さということがある。しかし人として生まれた罪の深さというようなことを考えなければならんのはどういうわけであろうか。まあそこまでいくと、この人間と生まれた罪の深さというものは、どれだけ犯す罪のないようにしようとしても、道徳的に考えようとしても、なくならないのであります。浄土教におきまして煩悩具足の凡夫といい、親鸞聖人が『教行信証《きょうぎょうしんしょう》』でくり返される愛と憎しみというものがこれであります。

この愛と憎しみというようなものは、文化が進み知識が発達すればなくなるものであろうか。あるいは教育の力でなくなるものであろうか。世の中がどう変わっても制度はどう改まっても、教育家の家庭においても、もっと直接に申しますれば、お念仏をとなえている人でありましても、何か心の底に、あの人がこういうたとか、ああいうたのはけしからんというふうに、自分自身でみな何か道徳の標準をもっていて、そして自分のようにならないのはけしからんというようなことをいうている。そういうような根性というものは、はたして、世の中がおさまったらなくなるものであろうか。案外、世の中がおさまるというと、かえってそれが激しくなるというようなことになるのではないか。そこに動く人間であることの罪の深さというものは、どうすることもできないものであります。

と申しましても、人間であることの罪の深さは、お釈迦さまの教えからいえば、四諦の第二諦（集諦）であるから、そこで人間であることの罪の深さを離れるためには出家すべきであると、こうもいえる。道元《どうげん》禅師の『学道用心集』などみても、出家の精神には愛欲だの名利だのというものは問題ない。愛欲だの名利だのということにひっかかっておっては仏道修行はできるものではない。つまり愛欲だの名利だのというものが罪つくりなんだからして、罪を離れるということ、それが出家ということである、といってあります。しかれば、愛欲だの名利だのということを蹴飛ばしていこうというところに、そこにはじめて、聖者の生活というものができるのでありましょう。そこには、人間であることの罪の深さを知ったればこそ仏法というものが開けたのだということがいえるわけもあるのであります。

しかし人間であることの罪の深さというものが本当に知れたということによって、それで人間は本当にその煩悩の生活を離れることができるであろうか。もっと極端に申しますれば、そういうふうに、その愛とか憎しみとかいうものを離れてしまったところに、はたして人間生活というものがあるのであろうか。人間の生活とは困ったことには、可愛いとか憎いとかいうておる、それより他に人間生活のあり方はないのである。そうすれば我々は人間の経験する、人間の犯す罪を他にして、人間であることの罪の深さということを考えることはできないであろう。

こういうようなことでありまして、人間であることの罪の深さというものを本当に修行によって離れることができれば、先ほど申しましたように、自分は仏であるということもできるであろう。また愛だの憎しみなどというのは、これは人間のあり方なのであって、それを承認して、よきにはからうほかないのであろう。キリスト教を説いたある有名な人は、仏教には神の憎しみというようなものがない。だからだめだといわれたということでありますが、そうしますと憎むということだって、悪いものを憎むならば善いことといわねばならない。そこに人間の生活があるのである。また悪い奴は憎まなくとも悪い奴は悪いんだから、何とかそれを感化しなければならんであろう。そういうふうに申しますと、愛と憎しみというものがあって人間の生活があるのである。だから、その立場では愛をどう始末するか、憎しみをどう始末するかということが問題である。それは仏法でなくても世間の宗教でもいけるはずなんです。

しかし浄土教はそういうものではない。浄土の教えというものは、わかっておりながらつい腹を立ててしまい、欲を起こしてしまう。愛といっても親疎があって、他人の子を自分の子ほどに愛することができない。そういうようなことから、思わない罪を犯すのであります。しかしそれを思わない罪と思うているけれども、実はそれは人間であるということの罪障であり、人間の根性から出てきておるものであるから、いかにその罪の深さというものを知り、それを解消する道を求めても、人間である限り一生涯どうしてもその罪を離れることはできない。

こうして人間の犯す罪を離れて人間であることの罪の深さを知る道はなく、人間であることの罪の深さを知っても、人間の犯すところの罪はなくならないという、そういう事実があるのであります。そこには、確かに仏法の外に生死解脱の法はないということはわかっている。涅槃を求める法の他に道はないということはわかっている、けれども、しかも涅槃を念じて煩悩を断ずるということはできなくて、涅槃を帰依としながら、不断煩悩の一生を送らなければならないということがあるのであります。

　こうして不断煩悩の一生でありながら、しかも涅槃をうるという、そういう光を認めることができるとするならば、それは生涯の終わりを期して後の世の浄土を願うということでなくてはならない。こういうことに出てきている。それが浄土教というものの因縁であります。

　韋提希夫人にとりましては、なぜわが子はああいう不都合なことをするのであろうというようなことで、罪悪ということは、何かいろいろの事情があってするように思うておられたのでしょう。けれども、だんだん苦悩が加わってくるというと「我《が》宿《しゅく》何《が》罪《ざい》、生《しょう》此《し》悪《あく》子《し》（我、宿《むかし》何の罪ありてか、この悪子を生ずる）」（『観無量寿経』）で、私は何の罪があってこんな悪い子を生んだのでしょうかということになった。これはいかにも責任を阿闍世にかけておられるようであり、そういうて愚痴をこぼしておるようでありながら、結局は自分の宿悪と思わずにおれなかったのでしょう。思うてみれば自分勝手なことをしておったのだというところにきて、人間の犯す罪というものと、人間であることの罪というものが、あい離れないものであることをさとられたのでしょう。こうして韋提希夫人は浄土を求める根機となられたのであります。

四

もう一つ第三の不決定感情ということは、お互い人間は他人のことを案ずる身か、それとも他から案じられている身かということであります。すなわち心配する身であるのか、それとも心配される身であるのかということ、それが決まっておらないのであります。

韋提希夫人のことにしますというと、自分が牢屋へ、奥御殿へおしこめられるまでは他のことを心配しておられました。頻婆娑羅《びんばしゃら》王のことも心配し、わが子のことも心配する立場におられたのであります。ところが自分が奥御殿へおしこめられるということになるというと、私の方がかえって心配されておると思われたのでしょう。今まで食物を運んでおったあの韋提希がもう食物を運ばぬようになったのはどうしたのか知らんと、頻婆娑羅王はきっと心配していられたに違いない。今まで心配しておったのが、今は心配されておる身であるということになった、こういうことであったと考えていいんでしょう。そうしてまた、父をも母をもこういうふうに亡きものにしようとするようなわが子の行く末はどうなるであろうか、と心配もする。さあ心配する身なのであるが、心配される身なのであるか、それが一つの問題になるのであります。

これは非常に大事なことでありまして、一体お互いはどうなんでしょう。宗教家とか坊さんとかいうのは、これは一体、人を心配している役なのか、人に心配されている役なのか、そんなことを考えたことありませんか。第一線に立って、宗教のありがたさを説くんだとこういうのでありますから、これはまあ心配しているに違いないのであります。教化というものは世を心配しているものなのであります。

けれども、また考えてみますと、何も坊さんに限ったことはない。人間というのはみんな人のことだけは案じているようであります。政治家もそうでしょう。人づくりだの、国づくりだのというています。そうしてその人づくりといえばまずもって自分をつくるのだということはおそらく考えておらんのでしょう。考えていれば偉いものですけれども、まあそういうことは考えていない。政治家自身はもうつくられているんだから、これからは人をつくるだけだと考えている。知識人であろうが、教育家であろうが、世の中をどうするかと、みな人のことを心配するだけであります。しかしそれでよいのでしょうか。

そこで一つ考え方を変えてみますと、実はお互いにみんな心配されておるのではないであろうか。その心配されておるという立場になると、僧侶よどこへ行く、というようなことになるでしょう。宗門はどうなるであろうかというているのも、結局はみな心配されているのであると、こう考えることもできる。こういうようなわけで、案じられている身であるか、そもそも案ずる身であるかということが、わからない。いいかえれば私たちの一生涯というものは、すなわち利他教化のためにあるのであるか、それとも自分が救われるためにあるのであるかということになるのでありましょう。

僧侶の生涯というものは、自分の語るところに喜びを感じ、ありがたさを感じていく、そういう自利満足のためにあるのであろうか。それともそういうことでなく、世のため人のためを考えるところにあるのであろうか。それがただ自分の生死解脱のためということであれば、出家して、修行して、そしてそれで済むわけであります。また人のことはどうでもいい、まず自身のさとりを先にするのであると禅思するということにもなるのでありましょう。その出家者も禅家もまた世のため人のためを思わずにおれないのであります。

こうして、どちらかに片づけられそうなものでありますが、どちらにも片づけることはできない。結局、世の中のことを憂うるということは、やがて自分を憂うることでなくてはならない。自分を憂うるということは、やがて世の中を憂うるということでなくてはならないと、こういうようなことにおいて、どちらにも決めることはできないという、そういうものの上に浄土の教えというものが開けたのである。ですから宗教というものは安心決定だからして、どちらかに決めてしまうのが信心であるというならば、私のいおうとするところはちょっと曖昧であるといってもいいのであります。けれども正直ということになれば、私のいうことは案外正直ではありませんか。

五

少し余談でありますけれども、本年（一九六三年）は清沢満之《きよざわまんし》先生の生誕百年ということで、先生の感化を受けた私もいろいろなことを思うのでありますが、先生の思想は極端にいい切ってしまえば、世の中どうなってもいいということと、自分は何をしてもいいんだということにおさまると思います。どうなってもいいということは、自暴自棄ではないのであります。やけくそとは違うのであります。どうなってもよいという所へ一つ力を入れてください。どうなってもよいというところが安心でしょう。それが宗教でしょう。そこまでいかなければ徹底しません。

したがって行いとなったら何をしてもいい、ということはむちゃをしてもよいことではありません。気随気ままでよいということではありません。何をしてもよいということは自然自由の行いをなせということでしょう。だから悪と知りつつ故意にそれを行うことではない。何をしても、こうしようと思うことを何の拘束もなしに、何に縛られることもなしにすることのできる、それが何をしてもいいということでありましょう。先生の偉大さはそこにあります。

けれども私が先生の教えを受けながら、それは先生が、他力の救済を念じられた時のことなのである。「われ、他力の救済を念ずるときは、我が世に属するの道開け、われ、他力の救済を忘るるときは、我が世に処するの道閉ず」（「他力の救済」）といわれるのですから、先生も他力の救済を忘れた時があったに違いない。その忘れた時はどうかというと、どうなっても困るなあということではなかったでしょうか。どうなってもいいというところに、そこに宗教の安心があるかも知らんけど、しかし、またそれと同時に、どうなっても困るなあ、核爆発になると困るなあ、冷たい戦争も困るなあ、病気になっても困るなあという、そういうようなところに人間というものはおるのではないでしょうか。

したがって何をしてもいいというてみましても、私などは神経質で、ああいう馬鹿なことといわなければよかった、ああいうことしなければよかったという、そういうようなものはとれないんであります。それが不徹底だというならばそうに違いありません。しかしその徹底しないところに、そこに現実の人間があるのではないでしょうか。そうすればどうなってもよいんだという境地を知っていながら、こうなっても困る、ああなっても困るというようなものがあるようであります。何をしてもいいという立場において、ああしてはすまない。こうしてはすまないというものがあるようであります。そこに先生の書物を読んでみると、はっきりいうていらっしゃるけれども、どこかに不決定感情がある。やはり先生も他力の救済ということをいわれるのだから浄土教徒であったに違いない。こういうことです。

そういうような不決定な三つの感情があるというところに、浄土教というものが起こったのである。このことを明らかに示しているのが『観経』の韋提希夫人の立場である。こうして『観経』というのは浄土教縁起を明らかにしたものであると、こういうことがいえるのでありま す。そのことが宗祖親鸞聖人の上においてどんなふうにうつっているのであろうか。そのことに話を進めたいと思うのであります。

六

浄土教の縁起は『観経』において見ることができる。その『観経』というものをうつしたものとして、今『歎異抄《たんにしょう》』というものを思い出してみたいのであります。そういたしますと、まず『歎異抄』では、第二章、第三章を思いますと、これは『観経』をいわば縮刷したものと見ることができるのであります。

第二章においては、「おのおの十余か国のさかいをこえて、身命をかえりみずして、たずねきたらしめたまう御こころざし」と、こういってあります。その十余か国の境をこえてということは、申すまでもなく、常陸《ひたち》から京都まで国を数えますというと十余か国になるのでありまして、その道筋はおおよそこれであろうということは、『歎異抄』を講義する人はみないうておるのでありますから、今さらここでいう必要はないのでありましょう。しかし我々はそういうふうな事実を伝えたものとしてのみ読まなければならないというわけもないのであります。我々の親しむ聖典というものは、これはみなそれを鏡として我々の行くべき道を明らかにするところに意味があるのであります。したがって読む人によって異なる感じを与えるということも、これも当然なことであります。そうしますれば、今、十余か国の境をこえてということも、必ずしも常陸から数えてこうだということでなくても、我々が、ある意味で命がけで身命を顧りみずして、一生涯道を求めてきた。それを思い出せばいいのでしょう。

宗祖聖人にしましても、出家から二十九歳まで道を求められた。その道を求められたことを回顧して、「身命をかえりみずして」といわれたのであると思うてもよいわけであります。祖師にいたしますれば、出家してそして法然上人のお弟子になられるまでの、求道を象徴しているものが十余か国であると考えてもよいでしょう。

十余か国の境というのは『観経』の十六観これである、と随分昔のことでありまするが、曽《そ》我《が》（量深《りょうじん》）先生のお話であったか、お書きになったものであったか、記憶しております。こういうところに一つの独自の見方があるのでありまして、十余か国の境というのは『観経』十六観である。日想観から始まって、ずっと下品下生までが、十余か国の境をこえて、ひとえに往生極楽の道をたずねてこられたということと思い合わされるのであります。

だから「しかるに念仏よりほかに往生のみちをも存知し、また法文等をも知りたるらんと、こころにくくおぼしめしてはおわしましてはんべらば、おおきなるあやまりなり」とこういうてありますのが、つまり『観経』十六観の内容でしょう。念仏往生の道は『観経』で申しますと下々品の説であります。下々品には「称南無阿弥陀仏（南無阿弥陀仏と称せしむ）」といってはっきり出ている。その他は上品上生から中品中生まで、念仏より他に往生の道が説いてあります。ですから、念仏より他の往生の道は『観経』が説いているわけです。また法文というのは念仏の心、定善十三観はあるいは念仏の心を説いたものであるといってもいいのでありましょう。

法然上人は、「もろこし我朝の知識たちの申さるる観念の念でもなければ、また念の心をさとりて申す念でもない」（『一枚起請文』取意）というておられまするが、念の心をさとるのが定善でしょう。念仏とはこういう心のものであるというので、念の心をさとるのが、「観念の念」でしょう。観念の念が定善でしょう。「念の心をさとりて」のところが、あるいは散善の上に、いろいろな大乗の経を読んでわかることであるかも知れません。

こういたしますと「念仏よりほかに往生のみちをも存知し、また法文等をも知りたるらんと、こころにくくおぼしめしておわしましてはんべらば、おおきなるあやまりなり」というその言葉において、『観経』定善十六観がすうっとこうきておると、「もししからば、南都北嶺にも、ゆゆしき学生《がくしょう》たちおおくおわせられそうろうなれば、かのひとにも遇いたてまつりて、往生の要よくよくきかるべきなり」というてあります。

これは常に申すのでありますが、はじめて『歎異抄』を読んだ時には、親鸞聖人が、これはまあ南都北嶺にも偉い学者があるのだから、あそこへいって聞いたらいいでしょうというふうに、こう皮肉でもいうていらっしゃるように思いましたが、必ずしもそうでないんでしょう。母校ですからね。比叡山は母校ですよ。そこで育てられた母校ですもの、そこを悪くいうことは私たちとしては考えられません。

知識人は西洋の宗教改革ということを思い出して、法然・親鸞による旧仏教の改革などといいますけれども、まあ外国人のルターやカルビンなどという人の考えた改革という考え方は法然や親鸞にはないと思うのであります。だからやはり素直に文字どおり解釈して、まあ私もこの年まで二十年の間勉強したんですけど、どうもわからなかった。法然上人も自分は愚痴の法然房だというておられます。親鸞聖人も愚禿だというておられます。それを額面通り受け取って、どうも私には徹底しなかった、いや法然上人にしてみればある点までやってみたけれども、やってみてからが、それがどうなったかというと、本当の自分の救われる道というものは何の力にもならなかったというようなことがあってですね。

そういうことによって自分の愚かさ、自分の知識の足らなさだけが考えられるのであるから、それで南都北嶺の悪口をいう必要はないわけです。まああちらが偉いんだから、行って勉強しなさいと、こういうことをいうのが当然でしょう。それほどの気持ちでおっしゃったに違いないということによって、親鸞聖人はだめだったということになると、はなはだ恐れ多いということになるかも知らんけど、何か私はそういうところに、こう理論という問題との区別があると思うのであります。

だから、南都北嶺にもゆゆしき学生たちが多くおわせられるのであるからして、「かのひとにも遇いたてまつりて、往生の要よくよくきかるべきなり」と、往生の要よくよくきかるべきなりとまで念をおしてあるのでありますから、そこでまあ聖人の心境をうかがうことができるのであります。そして「親鸞におきてはただ念仏して、弥陀にたすけられまいらすべしと、よきひとのおおせをかぶりて、信ずるほかに別の子細なきなり」という。それ以下の文章は下々品とぴたり合うでしょう。

七

『観経』下々品においては「この人苦にせめられて念仏するにいとまあらず。（中略）無量寿仏と称すべし」とある。心で思うておったらいいでしょうというようなことをいいますけど、そうでない。本当に苦悩にせめられれば心に思うほどむつかしいことはない。ただ称えるといわれるところに、そこに本当に悩めるところの心境をさしての言葉があるのであります。だから法然上人にすかされて念仏して地獄におちてもさらに後悔しないということも出てきておるわけです。

ついでに申しておきますが、親鸞聖人は法然上人にすかされて念仏して地獄におちても後悔しないとおっしゃる。「そのゆえは、自余の行もはげみて、仏になるべかりける身が、念仏をもうして、地獄にもおちてそうらわばこそ、すかされたてまつりてという後悔もそうらわめ」とこういわれた。これはもし自分が念仏して地獄へ行くならば、そう教えた法然上人も地獄へ行かれるであろう。たとえ地獄であっても、師匠のわたらせたもうところへは喜んで行くのだとこういうふうに、『恵信尼文書』あたりに出ておりますし、『執持鈔《しゅうじしょう》』にもそういうふうに伝えられているのであります。あるいは、だから、そういう感激を宗祖聖人は法然上人においてもっておられたのかも知れません。伝統の解釈はかれこれいうことはできません。

けれどもあの言葉だけ見るというと、あの言葉どおりを考えますというと、法然上人にすかされて地獄におちれば、すかした方の法然上人も地獄へおちるというようなそういう勝手なことはいえませんなあ。たとえば、英語の先生が嘘を教えて、そして習った方が嘘の答案書いて落第したといったって、教えた方の先生は落第しません。ですから、私はこれは法然上人の教えを誤解しているのでもいいということに解すべきであると思います。親鸞は法然上人の教えを誤解しているかも知らんけれども、しかし法然上人の教えを誤解して、そして地獄におちても後悔しない、なぜならば親鸞には念仏より他に道がないのだからということでありましょう。これはかなり大事なことであります。

ということは「弥陀の本願まことにおわしまさば、釈尊の説教、虚言なるべからず。仏説まことにおわしまさば、善導の御釈、虚言したまうべからず。善導の御釈まことならば、法然のおおせそらごとならんや。法然のおおせまことならば、親鸞がもうすむね、またもってむなしかるべからずそうろうか」と、釈迦・善導・法然・親鸞という伝統が出ておるのでありますが、これはもちろん、念仏一筋が伝統であるということであります。けれども、今日の学者はそういうことはいいません。今日の学者にいわせますれば、法然の考え方は善導の考え方の行きすぎであるという。

私の郷里に私と同年のある坊さんがおりまして、彼は、そもそも龍樹菩薩から蓮如上人に至るまで、みな誤解している、といっております。そういう見方があるのでしょうね。浄土宗の有名な大家でも、本願の「乃至十念」は称名でないといわれた方があります。あの本願の乃至十念は何であるかということについては、いろいろと学者の研究があって非常にやかましいのであります。それを善導は乃至十念はすなわち「称我名号」であるといわれる。こういうことがそもそも誤解である。善導も『大経』を誤解し、『観経』を誤解しておる。法然も善導を誤解しておる。親鸞も法然を誤解している。要するに誤解の連続だということになるのであります。これは先ほど申しましたようにあるいは『歎異抄』を読む上にも感覚されることかも知れません。

けれども本当の伝統は、法然上人の教えによって親鸞は自分の往くべき道が見つかった、ということであります。法然は法然であり、親鸞は親鸞である。また、善導は善導であり、『観経』は『観経』であります。それでいて、何か深い心の底なる流れとして通ずるものがあった。これが、弥陀の本願まことならば、というところから言葉が起こったもとであります。そういうところに、仏法というものの根本があると思うのであります。弥陀の本願というものが仏陀の根本精神であり、そして念仏というものが仏法の根本行であります。それがずっと伝わったのである。

だから法然上人のおっしゃることと、自分のいうこととを並べてみて、法然上人もこうおっしゃるだろう、私もこういうのだから同じなんだというのではない。法然上人の信心も如来よりたまわったものである。自分の信心も如来よりたまわったのである。ということをいうのは、法然上人は法然上人であり、親鸞聖人は親鸞聖人でありながら、その本願のまことを感ずるという点で一つであるということでなくてはならん。そこにまた、本当に師の恩を感ずるということの意味もあるのであります。

こういうわけでありますから、この往生極楽の道というもの、それがずっとはじめから求められておったわけであります。その往生極楽の道というものは、しからばどういう形において求められたのであろうか。その時に、先ほど申しました人間の経験する悩みであるか、それとも人間であることの悩みであるかということをまず第二章において思いだすのであります。

八

浄土の教えを思いますと、いつでも考えられるのが法然上人であります。法然上人の課題は、親の敵を討ってはならぬということでした。お父さんが亡くなる時に、親の敵を討つなどということを考えてはならない、敵を討つということは、報い報いて果てしないものである、だから敵だの味方というもののない道を求めよと、そういうことでありました。おそらく法然上人の時代の人の出家は、そういう問題が多かったのだろうと思います。西行《さいぎょう》とか文覚《もんがく》とかああいう人は、みんな解くことのできない問題があって、その解くことのできない問題をどうして解くかということで、頭を剃って山へ入ったのでしょう。当時はもうそれに決まっていたのでしょう。

法然上人はそれでは落ち着けなかったのでしょう。敵だの味方だのということのない、そういう題を出されて、それで山へ入ってさとりすましておればよいということで落ち着かないものがあった。それは何だろう。それは先ほど申しましした点から申しますれば、人間の犯す罪の底に、人間であることの罪の深さということもどこかで感じられたに違いない。また心配する身と心配される身とは、結局、別なものでないということが思われておったに違いない。

だから自分だけの問題ならば、自分だけの個人の問題ならば、山へ入って坊さんになっておればそれでいいということになりましょうけれども、どうしてもそれで落ち着けなかったということは、時代の人々が、みんな源氏だ平家だと分かれておって、そして兄弟同志が敵、味方になったり、おじ、おいが争うたりする。そういうふうなことを見るというと、敵も味方もない。そういうふうな道を求めるということは法然個人の問題のようであって、その実、全人類の、日本人の、すべての人の問題でなくてはならない。

そこに親が殺されたという経験的な悩みに、人間であることの悩みも感じられたのでありましょうし、また人間の犯すところの罪、そこに人間であることの罪ということも感じられたでありましょう。また同時に、世を憂うということと、世に憂えられるということも別でないということも、すべてこの敵味方のない道を求めよという題を出された法然上人としては解かなければならん形に出てきておったんではないかと思うのであります。

この間、『毎日新聞』に岡潔《おかきよし》という人が、『春宵十話《しゅんしょうじゅうわ》』ですか、新聞に出ておった時から心ひかれていたのですが、書物になったのを読んでみますと、いろいろと考えさせられることがありました。自分は戦争中には随分、難儀であったけれども、宗教というものはなくても通ったが、戦争の後になったならば、宗教を求めずにはおられなくなったということが書いてあったのであります。ちょっと感覚は普通の人と逆でありますから、注目したんであります。あの戦争中のただ中にあっては、何かこうすがるものでもないといかんように、戦争が済んだからやれやれというのが普通と思われますが、あの人の感覚では逆になっているのであります。

その説明を見るとこうなのです。戦争の済んだ後というのは随分われながらあさましい生活をしなければならんことになった。戦争が終わったにもかかわらず、汽車の窓から出入りしたり、闇米買うたり、とにかく掟を破り、不都合なことをしなければならない。それが自分だけでなくして、周囲の人々も、みなそうしなければならんのであるということに気づいた時に、どうしても道徳とか、知識とかいうことでいけないものが感じられるようになったというておられます。何か私はそれを読んだ感じを充分みなさんに話すことはできませんけれども、いかにもとうなずかれたのであります。それは問題は決して個人だけのものでないということであります。そのように往生浄土の道を求めるということも個人の問題ではない。解決は個人の上にあるのでありますけれども、問題はいつでも全人類の問題である。全人類の問題であるとするならば、全人類の問題として解く道でなければ自分も救われないというものがあるのであろう。ということで、往生極楽の道を説かれた法然上人のお心を知ることができるのであります。

九

親鸞聖人の場合もおそらくそうでありましょう。親鸞聖人が九つの時に出家せられたということは、昔の説では、お父さんお母さんに死別か生別かせられたからであろうということでありました。今ではいろいろの説があるそうであります。おそらくお父さんも、また沢山あったご兄弟もみな出家されたのだろうというようなこともあるそうであります。お母さんは、ちょうど源信僧都のお母さんが源信僧都を出家させられたと同じように、親鸞聖人を山に送られたのかも知れないというようなことであります。そうしますと、生き別れということになりましょうか。しかしとにかくそこに愛別離の悩みというものがある。子が親を思うという感情は、親孝行という道徳の規定とは別なものであります。これは非常に大事なことであります。今では孝行だの忠義だのということは古い道徳であって問題にならんといいますけれど、それはまあ、親孝行はああするもんだ、こうするもんだといって決められたようなことはせんでいいかも知れません。またせよといわれてもできないような世の中になったのかも知れません。けれども子が親を思う心というものは、これは動物にはないはずであります。親が子を思う感情は動物にもあるようでありますが、子が親を思う感情というものはとにかく人間的なものである。愛というようなこともやはり、東洋の道徳は親子の間柄というものを中心として、夫婦の愛というものを中心としておらないところに意味があると思うのです。私は夫婦の愛というものは深い意味のあるものだとは思いますけれども、その夫婦の愛の根底にも親子の愛というものがあって、夫婦の愛ということも意義づけられるのであります。親子の愛は問題ではない、夫婦の愛だけだということになると、何か動物とあまり違ったものがないように思うのであります。

こういうふうなことで、たとえ生き別れであろうが、死に別れであろうが、別れて親を思う。その愛別離苦《あいべつりく》というものがまた、先ほど申したように、親鸞の周囲だけでなくて、その悩みはすべての人のもっている悩みであるということを深く考えずにおれないのでしょう。

『歎異抄』の第五章を読んでごらんなさい。「親鸞は父母の孝養のためとて、念仏一返にてももうしたること、いまだそうらわず。そのゆえは、一切の有情はみなもって世々生々の父母兄弟なり」というてあります。真宗的論法からいえば、自力の回向から他力へ一足とびにいきそうであるのに、『歎異抄』ではひとまず、父母の孝養のために念仏申さない理由は、「一切の有情はみなもって世々生々の父母兄弟なり」というところへ移してあります。

これは非常に大事なことであります。ただ個人的に親を思う。そういうことでは済まされない。一切の有情は世々生々の兄弟でないかという。そこへ出てきて、法然上人と同じように、個人の悩みがやがて一切の人々の悩みである。そうすれば、その一切の人々の救われる道というのは、往生浄土の他にはない。本願の大悲によって、一切衆生をことごとく浄土にあらしめたいという、その本願の他に親鸞の救われる道はない。裏から申しますれば、親鸞の救われる道の他に一切の衆生の救われる道はないというところへ行ったに違いないのであります。本当にヒューマニズムとか、人間愛ということをいうならば、往生浄土の道というところまで行かなければならないというものが出てくるに違いない。

しかし、一応、『歎異抄』の第二章を人間の経験する悩み、人間であることの悩みとの不決定感情から出た教えとするならば、第三章の「善人なおもて往生をとぐ、いわんや悪人をや」とあるその悪人というのは、人間であることの罪の深さを感ずるものであると、こういっていいのでしょうね。

十

第三章においては、人間の犯す罪は、その根底に人間であることの罪の深さということがあるということをあらわしてある。悪人往生ということは、人間であることの罪の深さを感ずるものこそ往生をとぐるものであるということであります。これは、善人より悪人というような、そういう勝手なことをいっているのではない。往生思想というものは一体どこから出てきておるか。常識から考えれば、悪人とは悪を犯すものと考えられるけれども、往生という立場になれば、それは悪を犯す罪を手がかりとして、人間であることの罪の深さを感じたものこそ、本当に往生をとぐるのである。その人間であることの罪の深さというものを知らないのは、ただ自分の行いの善ということのみ着眼しますから、その人は自力をたのんでいる。

だからその心をひるがえさない限りは往生できない。その人はかたわらに悪人がある限り、自分は善人であるというてはならないという気持ちにならなければならんのであります。そういうているのが第三章なのですから、第三章はすなわち人間の犯す罪を手がかりとして、罪を犯さずしては生きておれない人間であることを知るものの道であります。そうして人間であることの罪の深さというものに徹底するところに、浄土の教というものがあるのであります。

すると、第四章は心配する身と心配される身ということになるでしょう。「慈悲に聖道・浄土のかわりめあり」。聖道の慈悲というは、ものをあわれみ、かなしみはぐくむなり」とありますから、それは聖道の慈悲であって、我々の方は浄土の慈悲だと、こんなふうに読むのは、そう書いてあるからでもありましょうが、しかしはじめから一つの道が決まっているように考えることはどんなものでしょう。そのような分別ではお聖教は読めません。聖道の教は神聖なる道であります。神聖なる道からいえば、ものをあわれみ、かなしみはぐくんでいくということでありましょう。先ほど申しましたように、世の中を心配していく、それが人間として本当なのでしょう。

宗教家は大いに世の中を心配していくべし。どうしたならば世の中は平和になるかということを心配するべし。しかしながら思うがごとく助けとぐることきわめてありがたしと、そうはいうてみるものの、力及ばないということがわかってきた時に、いそぎ浄土のさとりをひらかねばならぬ。まずもって自分の救いの道を求めなければならぬ。自分の救いの道を求めることこそ末とおりたる大慈悲であると、こういうふうになるのであります。だから、第四章において、心配する身がやがて心配される身となって、心配される心において、その心配する心を転じていくところに、浄土の教というものはひらけるのであります。こうして『観経』の浄土教縁起は『歎異抄』へきているのであります。

（昭和三十八年九月　『教化研究』第四十一号　伝道研修会講義）

浄土教における自覚

一

今回は自由に「現代の聖典」を思いながら話をしてくれ、ということでありますので「浄土教における自覚」という題を出しておいたのであります。

さて、前から漠然と問題にはなっておったのでありますが、それをはっきり話すことはできなかった。それを今回は一つの問題としてはっきりさせたいのであります。それは私が問題とするよりは講習を受けられるあなた方から出してくだされてもいい問題なんですけれども、まず第一に、どうしてあの『観無量寿経《かんむりょうじゅきょう》（観経）』の序分が「現代の聖典」であるかということであります。伝統的な考え方から申しますれば「それ真実の教を顕さば、則ち『大無量寿経《だいむりょうじゅきょう》』これなり」（『教行信証』「教巻」）である。そういう点から申しますれば、真宗の聖典というものが当然『大無量寿経（大経）』でなくてはならない。『観経』はご承知の通り、臨終現前の願により

釈迦は諸善をことごとく
観経一部にあらわして
定散諸機をすすめけり
（『浄土和讃』）

とこうあり、

至心発願欲生と
十方衆生を方便し
衆善の仮門ひらきてぞ
現其人前《げんごにんぜん》と願じける
（同）

というてあります。ですから『観経』は方便の経であるに違いない。その方便の経の、しかも正宗分ではなくして、序分がどうして「現代の聖典」ということになるのであるか、こういう一つの疑問であります。これは、どうしてそういうことになったのであるかというようなことを聞きだすというと、それはわからんということであるかも知れません。あるいは企画された方ではわかっておるのでしょう。そうとすればその決めた人の心持ちを聞かなければなりませんが、決めたことがおのずから決まったのだということであれば、もう一つおもしろいことで意味の深いことであります。それに対する答えは要するに、「現代の」という言葉でしょうね。「現代の」ということで……。『大経』は真実の経典に違いないけれども、「現代の」聖典としてはという、「現代の」ということに何か考え方があるのではないだろうか。こう思われるのであります。こんな疑問を起こすのは、これはまあ老学者の疑問であると諸君の方は笑うかも知れませんが、ともかくそういうことを一つ問題にしてみたいのであります。

私は大谷大学で、昨年『教行信証《きょうぎょうしんしょう》』を講義し、本年は『大経』の講義をいたしておるのであります。両方とも曽我《そが》（量深《りょうじん》）学長からのご指定で「真宗概論としての教行信証」「真宗概論としての大無量寿経」ということでありまして、随分むつかしい問題でありますけれども、そういう題を出されまして『大経』というものをどういうふうに見るべきであろうか。今まで何度も見たのでありますけれどもあらためて見直してみたいということで、随分苦労をいたしますけれども、またいろいろと気がつくこともありまして、やはり年寄りも生きがいがあるなという喜びを感じておるのであります。こういうことで、大谷大学の方では『大無量寿経』とか『教行信証』とかいうておるのでありますが、それがさて一般の教界といいましょうか、要求という方から行くとどうなるのであろうか。

昨今は『歎異抄《たんにしょう》』ブームとまでいわれておりまして、東京のこの支部である研究所でも「歎異抄の会」という青少年も集まってにぎやかだそうであります。他の会の時にはいっこう来ないけれど、「歎異抄の会」だというとみな来るのだそうであります。これはまた何かもう一つ私にはわからない。浄土往生などということは無用だ、未来のことは我々に関係ないというておる時代において、「ひとえに往生極楽のみちをといきかんがためなり」というてある『歎異抄』、「善人なおもて往生をとぐ、いわんや悪人をや」というてある往生の道を説いた『歎異抄』、それが読まれるのである。

とすればどういうところに現代の要求があるのであろうか。現代の要求というものがわからない。あなたたちは実際あたっておられるんだからわかるのでしょうが、あるいは老人流の古い考え方かも知れませんけれども、ものにはみな、はやりというものがありまして、『歎異抄』ブームも本当のものではなく、流行ではないかと思うこともありますが、しかしそうとはいえないものがあるようです。真宗の教えを知りたいという、そういうような人びとは必ず『歎異抄』を見られる。しかし『歎異抄』を読んだから『教行信証』を読もうという空気は必ずしも出てきません。そこに『歎異抄』の現代的意味があるとすれば「現代の聖典」として『観経』の序分を選ばれたことにも何かの意味があるのでありましょう。

二

『観経』というものと、また『歎異抄』というものは大体一つであります。『観経』を註釈したものは善導《ぜんどう》大師の四帖の疏でありまして、その四帖の疏を縮めたものが『歎異抄』でありま す。『歎異抄』といえば手近いんでありますけれども、善導大師の『観経疏《かんぎょうしょ》』を読みながらこの『歎異抄』を見ると、よくまあこれだけこなしたものであると思います。それほどまでに『歎異抄』は『観経疏』の精神をうつしておるのであります。

そうしますと大学の方では『教行信証』、『大無量寿経』というておるし、また研究所の方は『歎異抄』、『観無量寿経』というている。これは両々相まってということでありましょう。意見が違うということであれば、はなはだやっかいなことになりますけれども、そうではなくて、両々相まって行なわれていくのである。まあどちらかといえば、象牙の塔といわれておる大学の方では『大経』と『教行信証』を、実際にあたっている方は『観経』と『歎異抄』というようなことになるのであろうか。こういうことで「現代の聖典」が『観経』の序分であるということについていろいろ考えさせられるのであります。

この休みには清沢満之《きよざわまんし》先生の生誕百年ということでありまして、先生を思うところの原稿など書いておる間にひょっと気がついたことがあります。これは曽我（量深）先生もいっておられますが、清沢満之という人が出てこなければ、浄土の教えというものはいつまで経ってもおじいさんおばあさんの教えとしか考えられなかったであろう。知識人が親鸞の教えという方向をとり、多少でも真宗の教えというものを考え直さなくてはならんという、そういう道を開いたものは満之先生であると、こういうておられます。どうもそのようであります。

「清沢君ほどの偉い人間がどうして坊さんになったのであるか。しかもそれが、お念仏を称えて浄土へ行くという真宗の僧侶にどうしてなったのであるか」と、こういうことで知識人が目をそばだて、耳を傾かせることになったのでしょうか。親鸞というものもまた、こう一つ考え直してみなければならないという空気を立てたのであると、こういうことであります。

それでこれは私個人の話ですが、私はかつて浄土ということについて問題を起こした時に、ある老大家、名前をいうてもいいんですが、村上専精《むらかみせんしょう》師が私にこういうことをいわれました。「君はおじいさんおばあさんの教えであった真宗の教えを知識人のものにしておる、けしからん」といって叱られました。叱られたんですよ。ほめられたんではありません。村上先生の考え方は善意に解釈すれば、真宗の教えというものはどこまでも愚かな者の教えであって、知識人の教えでないというところに意味があるのであるともいえましょう。知識人向きの教えというものは禅宗であると思われております。こういうふうに考える必要があるのであります。

私はそういってとがめられたように、清沢先生の学風を伝えて、知識人に向かっても、念仏往生の他にないということをいいたいんであります。しかしそう考えない方がよろしいかも知れません。浄土の教えというものはしいたげられたるものの宗教、群萌の宗教である。庶民の宗教であるから、政治家とか、哲学者とかいう、そういうようなことでがんばっている人間に向かって真宗を明らかにしようなどということは無理だと、こういったことも一つ考えられるのであります。この二つの考えがちょうど『大経』と『観経』に当るのでありましょう。『大経』は昔からいうてあるように「法の真実」でありまして、堂々と天下に向かって説かれたもの、霊鷲山《りょうじゅせん》の山の上におって仏さまが大菩薩方を相手にしてお説きになるのであります。『教行信証』には何かそういうふうなものが感じられるのであります。

三

大体、浄土教というのは、いわゆる高姿勢ではなくて低姿勢で説かれておるのであります。それで『教行信証』の方でも低姿勢のようでありますが、その低姿勢に高姿勢のような力強い言葉があります。それが「敬うて一切往生人等にもうさく」という表現となり、ここに道あり、という宣言となっております。だから『教行信証』や『大経』で伝えられておるところのその真宗というものは、強いそして大きな声で説かるべき真宗であります。

それに対して『観経』において説かるべきところの浄土教は、声を低くして、そして何かこう深く、深く人間の心の中へ立ち入って、あなたどうですかと、こういうような気持ちで語っていく形になっているのであります。『歎異抄』もそうなのでしょう。『歎異抄』も一室の行者に対して、そしてあなたどう思っておりますかと、お互いに念仏よりほか道がないんでありませんかと、こういうふうにいっている。声は低いが、しかし息が長い。こういうような感じなのであります。それがさて実際にあたっておられる、布教せられるあなたたちにとってですね、何かそういうようなことが問題になりませんか。教壇に立って私は一体、何を語ろうとするのであろうか。その語ろうとすることは、どんな偉い方がおろうが、どんな学者がおろうが、この道を説くのに遠慮がないということで堂々として説くような気持ちのものなんですか。それとも、世の中のいろいろの憂いとか、苦しみとか、災難とかというものに出会うている人に対して、そしてお釈迦さまがわざわざ山からおりてきて、韋提希《いだいけ》夫人に話しせられたような気持ちで、こう人々の胸に訴えるというような気持ちで話しする、それが布教師の任務なのか。同朋教団ということで打ち出してきたんですが、その同朋教団の行き方として一体どちらで行くのであるか、それとも両方ともできるのであるか、こういうことを問題にしてもいいのではありませんか。

問題にしてもいいということは、私は実は自分の惑いを話しているのであります。こんな老人になって惑うておるなどというてはあい済みませんけど、どうもそこに惑いがあるのであります。何かこう、生まれついた根性といいましょうか、あるいは清沢先生のあの風格の感化をどこかで受けたものか、いかなる知識人の前でも説いてみたいという気持ちがありまして、それで戦争中も通してきました。しかしまた退いて考えてみると、そういうような仏教もあるであろうけれど、そういうような仏教は禅宗のようにさとりをひらいた人にまかしておいたらいいであろう。現代でいえば鈴木大拙先生ぐらいにまかしておいたらいいのだろう。ああいう人からいってもらえばいいのであって、真宗の教団にたずさわっておるものは、『観経』的な、本当に悩める人のためにということであるのではないであろうか。今さらどちらの方という訳にもいかず、あるいはどちらの方ということでなくても、どっちか一つになるものがあるに違いない。しかし私にはしばしばそういうことが問題になるのである。こういうことになりまして、実はあなたたちの問題にして欲しいのであります。そういうところに問題があるとこう考えますというと、また「現代の聖典」と打ち出して、そして『観経』の序分というものが今日ここに出された意味もあるのであると考えていいのだろうと思うのであります。

四

さて「現代の聖典」ということは現代の要求に応ずる聖典であるか、それとも現代人に向かっての、とにかく考えてもらわなければならない聖典であるということであるのか。もし「現代の要求に応ずる聖典」という時になると、『観経』の序分には現代の要求に応じないものもあるのではないでしょうか。何せ『観経』の序分といえば物語ですからね。いわば小説みたいなものです。『大経』でいえば法蔵菩薩の物語、ああいうふうなものを受け入れないのが現代であるとも思われます。そうすると『観経』の序分が現代の要求に応ずる聖典というわけにはいかんのであります。だから結局、「現代の反省をうながす聖典」ということなのでしょうね。

現代人の自覚をうながす経典ということであるのでありましょう。

そうしますと、現代の問題というものを私たちはいろいろと考えてみていいのであろうと思うのであります。やはり布教する人とか、教化というものは現代の問題というものを問題にするということが大事なことであろうかと思うのであります。

しからば現代人にとって何が一体、問題なのであるかということになると、いやもう私らみたいになりますと、何も問題がありませんというて笑われたことがあります。そして私らにはかにも問題になるといわれたこともあります。なるほど、本当に鋭敏な感覚があれば何も何もかにも問題になるのでしょうね。こちらはもう老衰していますから、何も問題にならんというような幸せものになってますけれども、しかし問題として考えてみますというと、世の中のことは一つ一つ問題であります。

この間も新聞を見ながらそう思うたのですが、毎日毎日どうです、あの事故。事故ゼロの日なんてほとんどない。いや殺したとか、強盗に入ったとか、引き逃げしたとかいうふうなことが非常に沢山あるのであります。ああいう事故がどれほどあっても大事にならぬものであろうかどうか。これが何か私にはわからないのです。ああいうふうなことは毎日、新聞をにぎわしていることで、常にあるのだから小さいことだといっていいのでしょうが、ああいう小さいことがどれほどあっても国と国と争うというような大事とは別なものだろうか。

つまり大事というものと小事というものとは別なのであろうか。小事を起こす因縁というものと大事を起こす因縁というものは別なのであろうか。どれだけああいうふうに惨たんたる――殺し合ったり、盗みおうたりするような事態がどれほど人間世界にあっても、しかしながら、決して国と国と争うとか、国内に革命が起こるとかという大事には関係ないものであろうか。ないような気もするんです。しかしないとはいえない。いろいろ考えてみると小事がある間は大事がないんだというような気もします。けれども、火災はマッチの火から出るのでありまして、大戦争というものも、元はほんの小さい事件から起こることであります。だからして、小事を本当に解決のできないような人間の頭で本当に大事が解決できるのであろうか、というような疑問もあるのであります。

そこで人づくりとおっしゃるなら、人づくりとは一体どんなことをするのであるか、というようなことも問題になりますね。花をつくるとか、機械をつくるということはできますけれども、人をつくるとは一体どんなことなのであろうか。世界連邦というようなものが考えられて、もうこうなれば世界はただ一つの国になる。それより他に平和の道はないと代表的な知識人は強調しておられる。そういう人の顔を見ると非常に深刻な顔をしておられるので、なかなかえらいことだと思うんです。そういうことになるというと、さあ署名せよといわれれば私らも署名しましょう。

しかしああいうことが本当にできるものであろうかしらん。本当にああいうふうなことができたとしても、そうしてできたものはなおさらもっと深い危険を含んでおるようなものになりはしないであろうか。けれども真宗はそういうことを問題とするものではない。そういう問題とは別なのだということも考えられましょう。

これはだいぶ昔聞いたことなのでありますが、総会所で布教師たちが寄っておられるところへある婦人が出てきて、いろいろ人間生活の悩みを話して、何とか解いてくださいと訴えた時に「ここは後生の一大事を相談するところじゃ、君のいうようなことは人生相談所へ行って聞け」といわれたという話がありますが、どうです。こんなふうに行けますかな。そこで私は自覚の問題に移るのであります。

五

そもそも、自覚とは何であるかということであります。その自覚というものに一応、聖道的自覚と浄土的自覚というものがあるように思うのであります。聖道的自覚というのはあるいは仏教的自覚、もっと広い意味において聖道も浄土も含めて仏教的自覚というならば、それは生死を問題とすることでしょう。生死一大事と自覚するのです。人間死なねばならない。死なねばならない命をかかえて生きていかなければならんのであるが、どうしたならば生死を超越することができるか。どうしたならば生きてよし、死んでよしと、そういう境地になれるかということが、それが自覚ということであるという考え方であります。

そういう生死問題に対して人生問題というものがある。人生問題というのは貧しいとか、病気とかで困るとかいうような問題。先の中年の婦人が総会所で訴えたような問題、子供がどうもいうことを聞かんで困りますが、治らん病人をかかえておって困りますが、というような問題、そういう問題を人生問題というのであります。その人生問題というものと生死問題というものとは表裏をなしているように思われるが、決して一つでない。表裏というのは一枚ですから一つであるともいえるのであります。けれども裏は裏で、表は表なのであります。

こういう訳でありますから、生死問題が解けたからといってそれで人生問題が解けるわけのものではない。また人生問題をどれだけ解こうとしたところで、それは生死問題というのが解けたことにはならないと、こういうふうで、この二つの問題というものは決して一つの問題ではないということを一つ考えてみたいのであります。そしてそこで出てきたものが、それがわれらの悩みということであります。今われらの悩みという言葉でいいあらわそうとした、そのことは随分前からでありますが、その意味をあらわす言葉はいろいろ変えましたので、今回はじめてはっきりとわれらの悩みと申したのであります。ここで「われら」という言葉を使いましたのは「われ」と「われら」ということと別でないということであります。私たちは「われわれ」というておるけれども、「われ」というのは実は「われら」なのである。人間の数は世界に幾十億といって沢山あります。けれど自分というのはたった一つしかないんです。こういうところで、沢山ある人間というものがどうあるべきかというところから解決していこうというのが、それは科学的知識であり、道徳というものがそうでしょう。

今日、ヒューマニズムとか社会科学とかいうておるものは、人間というものはこういうものであるというところから考えていこうという。世界の平和の問題でも、知識人がみな寄ってたかって考えておる問題は要するに人間を人間として考えていこうというのであります。しかし、人間を考えただけではもう一つとどかないものがある。人間を考える時には自分も中へ入れなければ考えられない。自分というものを考えの外に置いて人間を考えるということはできないでしょう。けれども、人間のことを考える時には自分というものを忘れているようであります。だから人間は周囲の情況さえよくなれば満足するものと思うております。

今の人づくりの問題でも、政治家はそう考えているようであります。衣食足りて礼節を知るということがあるのだから、みな食うに困らんようにしさえすれば人間は悪いことはしないだろうと、こう考えておるのであります。けれども、自分というものをその中へ入れるというといろいろ考えが変わってくるのであります。確かに、大体そうなのでありましょうけれども、しかし今日のあの非行少年ですか、昔は不良少年といったんですが、その非行少年を調べてみるというと、なるほど食うに困りそれで悪いことをする人も多いのでしょうけれども、時によるというと食うに困らないような良家の子弟に案外にまた悪いことをする人が多いということであります。であれば人間の根性というものは別に考えねばならんようであります。環境さえ良くなれば人間がみな道徳的になるという予想は、どこか間違っているようであります。

めいめい自分というものを考えますというと、確かに環境が良くなれば自分も良くなるようでありますけれども、しかし環境の良し悪しにかかわらず始末におえない人間というものはおるようであります。そうなると今度は、ただ一つしかない自分というものを考えていかんならん。そのただ一つしかない自分というものを考えるというところから、私はあまり勉強しませんけれども、実存哲学というものが出てきたのだということでありますが、そういうことになると、それは「われら」の中から「われ」を引き離しておるように思われる。つまり、「われ」すなわち「われら」なのですけれども、それを主体的に内観していこうとすることなく、「われ」だけを考えようとする。そのように「われ」と「ら」とをどこかで分離してしまう。そして「われ」だけを考えようとするところに、聖道門的な自覚というものがあるように思うのであります。

六

知識とか道徳とかいうものは「われ」を「ら」の中へ入れてしまって考えているように思うのであります。ですから、そういう時の聖道門的自覚の問題は「死」です。生死の問題といいますけれども、要するに死が問題でしょう。死が問題となるのである。死なねばならないということで、そこで生死解脱の道を求める。それがつまり発心であります。その発心の道というものは、要するに個人的な、よしこれで生きていくことができるというそういう個人的な道である。宗教は個人の道であるとこういわれたのも、そういうところからきておるのでありましょう。

ですからして、それは時によると人生から離れることにもなる。愛欲を捨て、名利を捨てて、そして山へ入って修行する、それがお釈迦さまは、要するに自己解脱の道を求められたのであるといってさしつかえないでしょう。自己解脱の道を求められた。そこで自分がさとりをひらいてみるというと迷うておる人間が沢山おる。何とかしてそれを目覚ましてやらねばならんということになった。かようにまず自覚時代があって、次に覚他に移る。この自覚と覚他とは当然別なものとならなければならんということも、「われら」というものの上において「われ」と「ら」とを離すという、そういうところからきたのではないかと思うのであります。

ところが親鸞聖人の道はそうではなかったのであります。「われ」は「われら」である。「われ」はいつでも「われら」であって、どんな個人でも、個人だけ引き離して自分だけの問題というものはない。引き離して自分だけの問題のようであるけれども、実はそれは人間の問題なのである。人間の問題を個人において考えさせられておるのであるという、そういう性格をもっておるところに、そこに浄土教的自覚というものがある。浄土教的自覚はいつでも「われら」というものにあるのであるということであります。

自覚が「われ」ならば出離の道はあるんです。出離の道は、つまり人間の迷いを離れ、そして人間の苦しみを離れていく道なのであります。家を棄て欲を離れて、そして山へ入って修行すれば、それによって出離することができるのです。ところが浄土教的自覚では出離の縁がない。「出離の縁あることなし」(『観経疏』「散善義」)というそういう機の深信的な自覚というものは「自身は現に」(同)というてありますけれども、その自身はつまり「われら」です。「われら」の問題を「われ」の自覚として考えさせられるところに宗教があるのでありましょうけれども、しかしその「われ」の中身は「われら」なのです。「われら」でなければ現に「罪悪生死の凡夫」(同)とならないのであります。離れ小島に一人住んでいる人間は罪悪生死であるか。生死はあるか知らんけど、罪悪ということは人と人との関係においてあるのであります。人との関係において罪ということがあるのであります。

善とか悪とかいう、そういうふうな問題はいつでも「ら」の問題があるわけであります。こういうことでありまして、また環境をつくるものも「われら」であります。環境は業縁となるものであるが、その環境はまた業感であります。どういうことを感ずるか、どういうことを受けるか、苦しいとか悲しいとかということ、それは業によって感ずるのであります。我々のなした、いいかえれば業は環境をつくるのであります。「われら」の業は周囲につくられたものであり、周囲をつくるものであります。

だからして世界は危ない時代になってきたとか、非行少年ができてきたとかというそういうふうなものは誰がつくったかというと、みな「われら」であります。私がつくったとそういえば徹底的のようでありましょうが、しかし実は「われら」のつくったものであります。「われら」がこんな世界をつくってしまったのである。ところがその「われら」のつくった世界がまた業縁となって「われら」をはたらかせるのであります。つまりつくった方も「われら」でありますし、環境となっておるのも「われら」なのである。だからどうすることもできないのであります。そうして環境と自分とは引き離すことができない。環境としてあらわれておる限りにおいては外なるものでありましょう。けれども、外なる環境も実は「われら」なのである。そしてその環境によりてまた何とかかんとかするものも「われら」なのである。それを、いずれを主とするかで業をなすものが「われ」であるならば、環境となるものは「ら」にあると分けているのでしょう。

七

ここに「無《む》有《う》出《しゅつ》離《り》之《し》縁《えん》（出離の縁あることなし）」という自覚が出てくるのであります。そこには生死問題というものと人生問題というものとは表裏になっておる。だから裏の生死問題が解けたということは表の人生問題に、ある光を投げるでしょう。けれども生死の問題が解けたからといってそれで人生の問題はなくならない。また人生問題を解いていったところで、それで生死の問題は解けないでしょう。何かこう相《そう》依《え》相成《そうじょう》と申しましょうか、そういうふうな形の上にあるもの、それが実際我々の浄土教的自覚というものでないであろうか。

ですから、宗祖聖人にとりましては、一体どちらの方が問題であったのだとこう聞いてみる。法然上人は「それ速かに生死を離れんと欲《おも》わば、二種の勝法の中、しばらく聖道門をさしおきて選んで浄土門に入れ」（『選択本願念仏集』）と、出離生死ということが問題でありました。その法然上人の教えを聞かれた親鸞聖人にとりましても、出離生死というものが問題であったに違いないのであります。和讃に「生死の苦海ほとりなし」（『高僧和讃』）とあり、『教行信証』にも「横《おう》超《ちょう》断《だん》四《し》流《る》」（『教行信証』「信巻」）を高唱しておられます。しかしそれについても、常に説いてあるのは愛と憎しみの離れない人間苦であります。生死を問題とすることはどの高僧も同じですが一番はっきりするのは同じ時代に生まれた道元禅師ですね。「無《む》常《じょう》迅《じん》速《そく》生《しょう》死《じ》事《じ》大《だい》（無常迅速なり、生死事大なり）」（『正法眼蔵随聞記』）と一生涯それで通られたのです。だからその生死一大事ということになれば愛欲なんてものは消えてしまう。道元禅師の『学道用心集』を見るというとはっきりとそういうことが感じられます。愛欲だの名利などということにひっかかっているのが、要するに生死無常のことわりがわからぬからであると、こういってあります。

それほどの激しい無常感によって、仏教を求めた風格が祖師親鸞の上において見られない。蓮如上人は相当にありますね。蓮如上人は、世は無常であるというふうなことをくり返しくり返し説かれております。祖師は『末灯鈔』に、

なによりも、こぞ・ことし、老少男女おおくのひとびとの死にあいて候らんことこそ、あわれにそうらえ。ただし、生死無常のことわり、くわしく如来のときおかせおわしましてそうらえば、おどろきおぼしめすべからずそうろう。

と今さら、生死の問題に驚くべきものではないといっておられる。そうして『一念多念文意』には、

凡夫というは、無明・煩悩われらがみにみちみちて、欲もおおく、いかりはらだち、そねみねたむこころおおくひまなくして、臨終の一念にいたるまでとどまらず、きえず、たえずと、水火二河《しいかにが》のたとえにあらわれたり。

とあります。そうして、愛憎のはてなき人間の一生を悲しんでおられます。それは人生問題と申しましても、病気で困るとか、生活で困るということはないのであります。

そして、この浄土教的自覚というものから出発して、先ほど申しましたようにもう少し人間の魂に訴えて、『大経』のように高いところから、これより他に道がないのであるということでなしに、『観経』のようにお釈迦さまがわざわざ出てきてお説きになった。『観経』というお経は、あれはちょっとお釈迦さまの平常と違いますね。平常のお釈迦さまなら、まあそのうちに来るだろうといって待っておられましょう。あれだけ困っておるものだから、私のところへ聞きに来るだろうと待っておられるのでしょう。私は一切経をみな読んでおりませんからよくわかりませんけど、お釈迦さまが出向いていかれるということがあるでしょうか。

ところが韋提希夫人の方へ出向いていって、そして「それが人生というものである。今こそ、世の中というものはそういうものだということがわかったか。さあ尼さんになれ」と頭を剃らせばよさそうなものであるのに、そうせられなかった。不思議なことです。ここに聖道教的自覚者のようにみえるお釈迦さまも、韋提希夫人に対してはそこに浄土教的自覚というようなものを示されたのではないであろうか、ということを思うのであります。そういうことで浄土教的自覚というものを話してみたのであります。

（昭和三十九年三月　『教化研究』第四十三号）

教化の諸問題
——教化の精神・方法・場所——

教化の精神

今回の私のテーマである教化ということについては、昭和二十五（一九五〇）年以来『真宗』や『教化研究』等に発表してまいりましたので、そのいずれかをご覧になった方があるとすれば、ここで私がどういうことを申し上げるかということはあるいはご承知のことであろうかと思います。さらにさかのぼりますと、大谷派の最初の講師である光遠院恵空《こうおんいんえくう》の『小僧指南集』（『続真宗大系』第十七巻）という書物がありますが、私はそれを学生時代に読んで非常に感銘いたしました。で、私が教化について考えましたこともほぼ恵空師のいうておられることを敷衍《ふえん》したにすぎないようにも思うのであります。

ですから教化というものがいかにあるべきかということはすでに最初のご講者においても考えられており、そしてその考えは今日私たちが考えねばならないことをほとんど全部すでに考えられておる。そういう意味において、この恵空師の書物は私たちが教化というものを考える場合の教科書にしていいのでないかとさえ思うたのであります。もちろん皆さんの方から教化の実際面にあたってのいろいろの問題や経験談もあると思いますが、今日は一老学の話に耳を傾けてくださって、私の気のついた点だけのお話をさせていただくことにいたします。

およそ教化という問題については、まず第一に教化精神というものが明らかでなくてはならない。これはもう他をたずねる必要がない。宗祖聖人において教化ということはどういうことであったかをたずねることであります。私たちは宗祖の精神に従っていくということよりほかないのでありますから、宗祖にとって教化ということがどういうことであったかということを明らかにしておかなければならないのであります。

宗祖においては、いかにすれば自分が救われるかということが問題であって、教化というようなことは問題ではなかったというようなこともいわれており、私もまたしばしばそういうことをいうのです。そこでまず第一に、はたしてそれはその通りであったかどうかを考え直す必要があります。今日宗祖の伝記というものが見直されておるが、『御伝鈔《ごでんしょう》』に説かれてある宗祖伝というものは今日の新しい研究によっても親鸞の実伝として高い価値をもっている。

その『御伝鈔』の上巻第三段、宗祖が妻帯を夢みられて、その夢の中で「東方《とうぼう》を見れば峨々《がが》たる岳山《がくさん》あり、その高山に数千万億の有情《うじょう》群集《くんじゅ》せりと見ゆ」と、ここに聖人が夢にまで忘れられないものをもっておられたことがわかる。自分が救われたという喜びをすべての人びとに知らせたいということが聖人の深い願いであったに違いない。したがって、「幽栖《ゆうせい》を占《し》むと雖《いえど》も道俗跡《どうぞくあと》をたずね、蓬戸《ほうこ》を閉ずと雖も貴賤ちまたに溢《あふ》る」（下巻第二段）とある、あれは文字通り東国で布教せられた聖人の姿をあらわしております。それをなぜ六十歳にして京都へ帰ってしまわれたかということも問題となるに違いないが、ともあれ『御伝鈔』の上からいっても、教えをひろめるということが宗祖の深い願いであったことは否定することはできないことであります。

　そういう点からあらためて聖人のお書きになったものの上において、教えをひろめる、教化ということがどういう形になっておったであろうかということが問題になるのであります。「謹んで浄土真宗を按ずるに二種の回向あり。一には往相、二には還相なり」（『教行信証』「教巻」）というてあるが、その還相とは利他教化の益なりというてある。また普賢の徳に帰し、思うがごとく有縁の衆生を度するのであるともいうておられる。したがって還相回向というのはすなわち教化であるに違いない。その教化の願いというものはたとえ死すとも捨てることはできない。大涅槃を証しても、証したという境地においてさらにそこに願われるものは利他教化ということであるに違いないのであります。

　そのお心持ちは『教行信証《きょうぎょうしんしょう》』のどこでも見ることができるのですが、まずはっきりと出てくるのは「信巻」であります。「信巻」に「現生十種の益」というのがあって、その九番目に「常行大悲の益」というのがあります。これを真仏弟子釈へ照らすと、そこに『安楽集《あんらくしゅう》』を引いて、念仏をする人はその喜びを人に伝え、さらに伝えられた人はまた他の人に伝えるというふうに伝えられてやまないならば、これを「大悲を行ずる人と名づく」といわれております。

したがって常行大悲ということは、念仏のありがたさを伝えていくことである。そのお心持ちが『教行信証』の結びへ行っても「前《さき》に生まれん者は後《のち》を導き、後に生まれん者《ひと》は前《さき》を訪《とぶら》い、連続無窮《むぐう》にして、願わくは休止《くし》せざらしめんと欲《ほっ》す。無辺の生死海を尽くさんが為の故なり」というあのお言葉の上にあらわされておるのであります。

本願念仏の法を一切衆生のあらん限りに伝えたいということが念仏行者の願いでなければならない、こういうてあるのであります。そして、それを簡単にいいあらわされてあるのが善導大師の「自信教人信《じしんきょうにんしん》、難中転更難《なんちゅうてんきょうなん》、大悲伝普化《だいひでんふけ》、真成報仏恩《しんじょうほうぶっとん》（自ら信じ人を教えて信ぜしむこと、難きが中に転《うた》た難し、大悲を伝えて普く化する、真に仏恩を報ずるに成る）」（『往生礼讃』）とあるあのお言葉でありましょうか。

「自信教人信（自ら信じ人を教えて信ぜしむ）」という言葉は、まずもって自信がなくては教人信ができないということを教えておられるようであります。これは何でもないことのようであるが、実は私たちにとって大きな問題であります。私たちは寺に生まれました。寺に生まれたということは、もう生まれながらにして道を説かなければならないという、そういう宿命をもっているように思います。そしてそこですぐ出てくる問題は、自分に信心がなくとも、人に信をすすめることができるものであろうかという問題であります。

ともあれ自分が信じなくても人に教えなければならぬという、こういう妙な職業もあるようであるが、それでいいのかどうか。これは不都合であるということになると、僧侶というものははじめから虚偽の生活をするものであるという非難もまぬがれないのであります。

では自信があったら教人信ができるか。教人信とは、自信をもって立って人に教えることであるか、ということが第二の問題になる。われに信あり、汝らに信なし、汝らこの道を信ぜよ、というふうな形で、それで布教というものができるであろうか。真実の自信とははたしてそういうものであろうか。それは時によるといかにも自信に似ているようであって一種の憍慢とか邪見とかいうものになりはしないであろうか。したがって、自信がなくて教人信するということも危ないことであるが、われに自信があるということで教人信するということにも何か危険があるようであります。

そこで第三として残ってくるのが、教人信のために自信を深めるということであります。これが私などのとってきた道であります。人に教えなければならないという立場にある限り、自分で信じないことを人に教えることはできない。であるからして、教人信という目的のために、本当に自信を深めていかなくてはならない。自信さえ深まれば、教人信というものはおのずから出てくるものであるという、こういう一つの行き方であります。宗祖が往相の回向の利益にはおのずから還相回向に回入するといわれたのも、あるいはその境地でないかとも思うのであります。

しかしながら教人信のために自信を深めるのだということをもう一歩進めれば、結局、自信教人信ということは一つの道である。自信して教人信するのでなく、自信教人信という道がある、ということになるのであります。ということは自他一つになって、説く自分と聞く人とが一つ心になって、そしてその教えを聞くということでなければならない。教化ということは自分も他人も教えに化益されるということでなければならない。私はそんなふうなところに落ち着いておるのであります。

しかしながら第二の「難中転更難（難きが中に転たまた難し）」という一句を見ると、その自信教人信ということがいかに難しいことであるかがあらわされております。和讃に「小慈小悲もなき身にて　有情利益はおもうまじ」（『正像末和讃』）といわれているあの心境も「難中転更難」というところからきておるのでしょうか。よく聞くことも難いけれども、本当の自分の心境というものを了解してもらうというようなことは容易ならんことであるということでしょうか。
こうして第三句の「大悲伝普化（大悲を伝えて普く化する）」という言葉を思い出すと、先ほど『安楽集』について申しましたように、念仏してそのありがたさを次々と伝えるのが「常行大悲の益」というものであって、それより他に我々の教化というものはないのであるということであります。したがってそういう心持ちをもっとも簡単にいいあらわしたものは『讃阿弥《さんあみ》陀仏偈和讃《だぶつげわさん》』の最後にある、
仏慧功徳《ぶってくどく》をほめしめて
十方《じっぽう》の有縁《うえん》にきかしめん
信心すでにえんひとは
つねに仏恩《ぶっとん》報ずべし

であります。すなわち教化ということは讃嘆である、仏慧功徳をほめることであると、こういうてあるのであります。教化精神は教理を説明することではない。讃嘆ということはどういうことであるかというと、少なくとも説明することではないということがいいうるのだろうと思うのであります。

説明しないでどうして教えを説くことができるであろうか、そこに問題があるのでしょうが、いかに説明しようとも、その説明する心持ちは常にありがたさを感謝するところの讃嘆の心で

なくてはならない。

また仏徳讃嘆であるということは同時に、人間生活の懺悔というものだけが中心でないということも意味するのではないかと思います。たとえば、機の深信というようなものがはたして人に教えることのできるものであろうか。機の深信というものは自覚であるから、互いに語りあっていくべきものであって、それで人を教えるというようなものではない。教えるということは必ず仏徳讃嘆でなくてはならないのでありましょう。

しかしその仏徳讃嘆ができるということはすなわち機の深信があるからに違いない。人間の罪悪苦悩というものが自覚されておるから、そこではじめて本当に讃嘆というものができるに違いない。ですから真実における教化というものは「仏慧功徳」、仏の本願名号の徳を讃嘆することであって、教義の説明でもなければ罪悪の懺悔でもない。しかしその説明をも懺悔をもみな包んでおる。それが真宗の教化精神でなければならないということがいえると思うのであります。

「仏慧功徳をほめしめて　十方の有縁にきかしめん」とあるが、その有縁という言葉は『歎異抄』に「一切の有情はみなもって世々《せせ》生々《しょうじょう》の父母兄弟なり。……六道《ろくどう》四生《ししょう》のあいだ、いずれの業苦《ごうく》に沈めりとも、……まず有縁を度すべきなり」と、そこに有縁という言葉があります。

そうすれば有縁ということは広く考えれば、この世の生きとし生けるものすべてであり、それらがみなわれらの父母兄弟であるということである。同朋感情の上から語られるものが有縁を度するということであるといっていいのでありましょう。

そうすれば有縁を度するということが即還相回向であるに違いない。還相回向ということはすなわち有縁を度するということであるに違いがない。

そこで還相回向ということなのでありますが、『教行信証』の「証巻《しょうのまき》」の後半を見ると、広く『論註《ろんちゅう》』を引用して還相回向のことがいろいろ説いてある。したがって、還相回向ということについてはいろいろと問題の多いことでありますが、しかし若い頃から思うておることは教化のつとめは普賢の行であるということであります。

普賢の行ということは二十二の願に、諸仏の国に遊んで、諸仏を供養し、衆生を開化するといわれているその「遊諸仏国」ということが普賢行の第一であります。諸仏の国に遊んで（遊諸仏国）、その国の諸仏を供養し（供養諸仏）、そして衆生を開化する（開化衆生）、と三ついうてありますが、しかし三つのことがあるのでなくて、ただ一つのことなんでしょう。諸仏の国ということはよろずの道に目覚めたる国ということであるから、どんな社会でもということでありましょう。

必ずしも田舎のおじいさんおばあさんだけでない。都会の文化人の世界でも、政治家のあつまりのところへでも、そういうところへ行って語ることが諸仏の国に遊ぶことであるといっていいでしょう。そういう意味において諸仏として尊敬するということが大事なことのように思います。政治家は政治の道において、哲学者は哲学の道においてそれぞれ目覚めているはずである。

仏という言葉は覚るということであるから、私たちは重要視しておるが、しかし諸仏の国というも、諸国というも仏教の思想では大した違いはないのでしょう。たとえば娑婆世界はお釈迦様の国だというようなものでしょう。これはお釈迦様の教えに教化さるべき約束の内にある世界ということであります。こういうことであるから諸仏の国ということはよろずの国ということであるに違いないのであります。

そして諸仏を供養するということにはいろいろありますが、ことに法供養ということがある。法をささげる、法を聞いてもらう、供養するとは法を聞いてもらうことである。我々はこういうふうに思うておるがどうですか、とこういうふうに聞いてもらうということが法供養である。そして聞いてもらうということが衆生を開化することであって、そういう点からいうと、一人の人間でも理想的意味においては仏であり、現実的意味においては迷える衆生であると、こう見ていいわけです。

こういう考え方は仏教特有のものであって、それを、仏である限りは衆生でない、衆生である限りは仏でない、というようなことをいっては仏教はわからなくなるのであります。どんな人間でも拝めば仏であり、そしてその自分と同じ姿を他の人の上に見れば、私も同じ人間、同じ人間であるところの凡夫であるということであります。だから我々の周囲にあるものはみな自分と同じような凡夫であるということも一つの事実であるが、しかし尊敬してみるとみなそれぞれの道に志しておるところの、拝んでいかなければならん人である、ということも事実であります。だから諸仏を供養するということと、衆生を開化するということとは同じ事実でなければならない。

それは私がいつも申しますように、我々が法を説くということは衆生に対しては説法することになるかも知れないが、仏に対してはお聞きすることになるのである。大衆の前に自分の領解《りょうげ》を述べて、自分は人生についてこんなふうに思うておるがどうでしょうかと、こう聞く人にたずねておるのであって、聞く人の心の中にある仏がそれを承知せられれば、その人はおのずから済度せられるということになるのであります。

ともあれ供養諸仏ということと開化衆生ということとは一つのことの二面であるということ、これは非常に意味の深いことであると思うのであります。

こういう意味において、昔は話をする前に聴衆を拝んでからせられた方もあったということも聞いています。私はよういたしませんけれども、その気持ちはよくわかる。聞く人の仏性を拝んでそしてこちらの方のまずしき法の供養を受けてくださいという気持ちが普賢行のおのずからなる姿になるのでないであろうかと思うのであります。そこで「信心すでにえんひとはつねに仏恩報ずべし」、仏恩報謝、ご恩ありがたいという、そういうありがたさの感じが教化精神というものである。だから教化ということは教えをもって人を化すことではなくて、教えに化せられることである。

といっても私が語らなければならんのだから、語ることもまた聞く心で、自分でうなずくことのできることを語らねばならないということになれば、そこに『歎異抄』の第六章の意味が出てくる。わが弟子、人の弟子ということはない。ただ自分の信の表白がご縁となって、聞く人の喜びの種となっておるのであるから、聞くものも説くものも共に同朋でこそあれ、師匠だの弟子だのということはないのである。

布教していると、ともすればあの人は私の説教で信仰に入った、というようなことをいおうとする人があるのですが、それはまったく宗祖の精神にそむくものであって、邪心といってもいいのでありましょう。そうでなく、自分はただ教えの縁となったというだけであって、自然のことわりにかなえば師の恩をも知り、仏恩をも知るということになる。

いつもいうことですが、たとえば先生が生徒に向かって親孝行しなさいという。そうするとその子が感化されて親孝行するようになったとする。それは誰の徳であるかといえば親の徳でしょう。先生の徳ではない。先生がいくらしゃべったって親自身に徳がなければその子はなるほど親というものはありがたいものだと感ずることができるはずがない。それと同じように教えを説くことはほんの機縁となっただけであって、本当に感化したものは仏のまことであるということを忘れてはならない。これが「つねに仏恩報ずべし」とある和讃の心でありましょう。

教化における諸問題という題を与えられて、最初はその布教精神というものについてはほとんど語る必要がないとさえ思ったのですが、また考えてみると、何をさし置いても念には念を入れてその布教精神というものを明らかにしておかなくてはならない。そうしないと布教だ教化だといいながら、かえって宗祖のお心にそむき、どこへ行くのかわからないということになりはしないかと思うのであります。それで最初に教化の精神ということについてお話し申し上げた次第ですが、さて第二には教化の方法というものが問題になります。

教化の方法

さて教化精神というものは宗祖のお聖教および伝記によるとして、教化の方法というものはどういうものか。これは僧侶の道、僧道ということである。道という限りは必ず修行がある。修行しないで教化ということはありえない。僧侶になるということのはじめからして生涯の道であるということを我々は忘れてはならないのであります。

道というものは、はじめはつとめて行わなければならない。志を立てた上は、困難であってもつとめて行うべきものが道であります。そこには必ず規範があり、その規範に従っていくということがなくてはならない。そうしてつとめて行うておる間におのずから好むということになりましょう。その好んで行うことが、ついには楽しむことになるのであります。

こういうように、つとめて行い、好んで行い、そして楽しんで行うという三段がまえに行くのがあらゆる道というものであると思うのであります。仏教の言葉でいえば「凡・賢・聖」でありましょう。凡は凡夫。凡夫である間はつとめていかなければならない。それが好きになったということになれば賢者といっていいでしょう。それがさらに楽しみになったということならば聖者であるといっていいのでしょう。賢者だの聖者だのというと我々凡夫にかかわりがないように思うが、しかしそういう名前はともかくとして、教化は僧侶の道である限りはつとめて行うべきものに違いありますまい。それでなくては僧侶というものの役割りが立たないのではないかと思うのであります。

さて、その教化における主要問題は随自《ずいじ》か、随他《ずいた》かということであります。自分はかく思うということを自分の思想にしたがって語るのが教化であるか、それとも相手の気持ちにしたがって語るのが教化であるか、ということであります。『維摩経《ゆいまきょう》』を読むと、教化について十人の弟子にいろいろの違いがあるのであります。私はそれを『弟子の智慧』という書物で自分ながらおもしろく書いたのですが、第一には目連《もくれん》と富楼那《ふるな》の違いがあります。

目連は「人を見て法を説く」ことがうまかった人のようです。人を見て法を説けという言葉もある通り、少年には少年向き、女性には女性向き、学者には学者向きというふうに説く。誰に向かっても同じことを説くというのは布教にならない。必ず人を見て法を説かなければならないという、それが目連の行き方であります。これに対して富楼那は法を説くに人を見ない。自分の感得したことを相手かまわず布教したようであります。目連と富楼那との違いをこう見てくるといかにもおもしろい。

しかるに維摩は両者ともいかんというておるのであります。目連には、君は人を見て法を説くからいかん、法というものは人など見ないで自分の信ずるところを話すべきだ、とこういいます。また富楼那に対しては、法というものは人を見て説くべきものである、自分のいいたいことだけをいうのでは布教にならない、といいます。これはいかにもおもしろい。

ところでもう一人相手が出てくる。迦旃延《かせんねん》という人ですが、この人もまた行き方が違う。富楼那は説法第一といわれて、よほど話が上手だったのでしょうが、しかし富楼那の説はどちちかという感情的であったのではないかと思います。それに対して迦旃延はいろいろと説明しております。ともあれ、自分の思っているだけのことをぐんぐんいうのが教化であるか、それとも相手を見て法を説くのが教化であるかという問題がまず一つ出てくるでしょう。

この例はちょっとどうかとも思いますが、たとえば相撲をみていると親方の解説がおもしろい。親方の批評を聴くと、維摩の批評みたいなことをいうている。この関取りは相手に応じて臨機応変できるが自分の相撲というものをもたないからだめだといっています。そうかと思うと、この関取りは自分の相撲だけはもっておるけれども相手に従って変化に応ずるということを知らんからだめだといっています。一体どうなったらいいのでしょうね。

しかし何かわかるようであります。つまり両者が一つになる道があるに違いないのでしょう。自分の相撲をもっておるということは臨機応変、相手に応じて変ずるということができるということでなくてはならない。本当に相手に応じて変化することができるということは何かそこに自分の相僕があるということでなくてはならない。それを二つに分けるところに問題がある。しかし実際にあたってはこういう二つのことが問題となるでしょう。

そこで自分の思う通りにいうのだという場合においても、迦旃延のように理論を説くものと、富楼那のように情熱的に行くのと二つあるように思います。

私たちの師に清沢満之《きよざわまんし》という先生と近角常観《ちかずみじょうかん》という先生がおられたが、清沢先生はいわゆる理論派でしょう。で、その行きついたところが今日の言葉でいうと自覚の論理ということでしょう。なるほど我々の学ぶものはお聖教の真理であるに違いない。しかしお聖教を領解するということはお聖教に説いてあることをただ感情的にうのみにすることではなくて、自分自身の自覚に訴えなければならんことである。これは時によるとお聖教の言葉よりも自覚の論理というようなものを尊ぶ傾向になりがちであります。

清沢先生は決してそうでなかったと思うのですが、今日の教界を見ると、自分の信ずるところをいうのだから、そこで自覚の論理でいこうということになるのであります。絶対矛盾の自己同一とか主体とか客体とかいう言葉が随分出てくる。あれでおばあさんたちわかるのかなと思ったことが幾度かあります。しかし、それはいかんと私はいうつもりはありません。それでなければ現代の知識の要求には応じられないということもあるのでしょう。

ところが一方では近角常観という人があった。この人はもう同じことばかりいっておられた。朝も昼も晩も、場所が変わろうが時が変わろうが、話の内容は親心一つであって、姥捨山《うばすてやま》の話が得意でした。「奥山に　枝折《しおり》〳〵は誰がためぞ　親の身捨てて　帰る子のため」という歌、今でも憶《おぼ》えています。姥捨山へ捨てられる親が道に枝折して行く。子供にしてみれば奥山へ入っても老人はまた一人で逃げてくるつもりだろうと邪推するが、親としてはそうではない。奥山で自分が死ぬのはかまわんが、あまり山奥へ入ってわが子が帰り道に迷うかと心配して「親の身捨てて　帰る子のため」と。その話を聴くと否でも応でも涙が出ました。こういうことで日本では今でも近角先生の感化を受けたという人がおります。

今日、知識が進んだ時でありますから自覚の論理で行くということも非常に重要であるかも知れないが、私は何かこう深い感情というものに訴えて大悲の本願のありがたさを説くということも、余宗なら知らないこと、真宗としては非常に重要なことでないかと思うのであります。

ところで以上申しましたことは、自分の思いのままに話すという時の問題でありますが、我々は現代に住んでいるのですからやはり時代に応じてものをいわねばならん。教化というものは自分の思うことをいうのでなく、相手にわかるようにしなければならんのではないかという先の目連の立場における問題も出てくるわけでありましょう。

それで、相手にわかるようにということは、まず平易であること、それから機に応ずるということでありましょう。平易であること、すなわち平易の要求というものが教化という問題において本当に考えなければならんことなのでしょう。真宗の教えは子供には話さないというわけのものではないのでしょう。大人でなければならないというわけのものではない。で、よく考えると、この平易の要求というものは、ただわかりやすくということよりももう少し何か深いものがあるのではないでしょうか。ただ通俗的ということでなく、いいあらわし方は平易だが、何かその中に確かな中心を、真宗の中心を、宗教の中心をあらわしているような言葉があるに違いない。そういう言葉の発見が教化ということについて当然問題になることでしょう。

しかしこの言葉の発見ということこそ至難のことであって、大げさなことをいうようですが、あなたたちがその言葉一つを見出されれば、その言葉一つがあなたたちの身代、一生涯の身上になると思うのです。あの言葉があの人の口から出る時には他の人の口から出る時とは違った感じを与えるということが必ずあるに違いない。

その平易さというものと、それから機に応ずるということ。我々は時代の要求に応じなければならないというが、要求に応ずるということは一体どんなことであろうか。時代は知識的なるがゆえに知識的にならなければならん、科学的であるがゆえに科学的でなくてはならんということが時代の要求に応ずることであるのか。それとも時代が知識的であるということはそれだけ時代が知識に対して不安やもの足りなさを感じておるという、ここをついていくのが時代の要求に応ずることなのであろうか。こういうことも教化というものにとって当然問題となるべきものであると思うのであります。

今まで申しましたことはすなわち教化は随自意《ずいじい》でも随他意《ずいたい》でもない。いってみればその二つがそのまま一つであるような、そういう境地であるということであります。したがって教化ということは教えに化益されていくということであって、その点において自他一如、聞くものと語るものとがまったく一つになっていくところのものであるということでありましょう。それについて一、二感じておることがあります。

それは最近ことにはっきりした傾向になってあらわれてきていることですが、我々僧侶の話よりも信者の感想とか表白というものの方が多くの人に聞かれるようになったということであります。これは一体どう了解したらいいのであろうか。僧職にあるものはお互いいたずらに教理の説明にのみ心を費やすが、信者の方は生活に触れたそのありがたさを語るということにおいて実際的なものがあるのでしょう。私はそういう意味において、我々僧侶は常に謙虚な気持ちで信者のありがたい表白を謹んで聞いていくということが非常に大事だと思うのであります。したがって信者の方もまた僧侶に対して敬意をもたれる。これは非常にいいことである。

しかし僧侶が信者のまねをして、同じように表白したり、私はこういう経験をしてこういうふうにありがたかったというようなことをのみ話すことは、よくないとは申しませんが、なるべくひかえめにしておくべきものである。信者の方も教理を語られたり、研究されたりすることはよいことでありましょう。しかし話される場合には生活に則した実際を語ってほしい。

こういうことがよいことのように思うのであります。こうして僧侶は、信者の感想を自分の思想の中へとり入れ消化していく、ということがことに大事であると思うのであります。さらに望ましいことは信者の感想だけではない、世の中のこと、新聞や雑誌に述べてあることでも、よい話はできるだけ受け入れてみずからの思想の血肉とする。つまりどんなものにでもその底に宗教的意味がある。そういう宗教的意味を発見し、そしてそういう話に随喜《ずいき》し、できればそういうふうになるべきものであるということを明らかにしていく。これが僧侶の役目でありましょう。

いいかえれば教えに異なるものを批判したり非難したりするということもあるいは必要なこ

とかも知れんが、できるだけひかえて、破邪よりは正しきものをあらわすということを主とすべきではないかと思うのであります。

それからもう一つ問題になることは説くものの個性ということであります。教化というものは画一的にはいかないものである。筋書きがあって、その筋書き通りに五人は五人ながらお説教し、その見本のように講演するということでなくて、何かその人その時における個性とでもいうか、その人でなければああいう味は出ないというような、おのずから出てくるもの、それが教化というものの一つの性格ではないかと思うのであります。

今日、人間が機械化されるということをよくいいますが、それは何も科学的文明においてだけの問題ではない。教えといえども、何か決まったものがあって、いわゆる信仰箇条というものがあって、その箇条通りにいくならば、やはり一種の機械化というようなものではないでしょうか。その信仰箇条を定めるということは教団の方針としては必要なことでもありましょうが、しかしそれを語る場合にはその人その人の面目があらわれねばなりません。教えは我々にとって生命なのですから、その日、その時、その人にとって何かおのずから異なるものがあるべきなのでありましょう。

そこではじめて自分と他人、説くものと聞くものと一つになって問題を解いていこうという、そういう何かが出てくるのではないかと思うのであります。

以上申しましたことは要するに教化ということは自己が中心であるか、他人が中心であるかという問題を越えて、自他一つとなって法を聞くということでなくてはならないということであります。それは結局、先の教化精神の実現にほかならぬのであります。

教化の場所

次に問題といたしますことは教化の場所とでもいいましょうか。場所つまり道場というものが我々の話の上でどのようなかかわりをもっているかということであります。まず第一に出てくることはいわゆる公開講演というもの、つまり、五百人、千人とあつまったところで講演するということと、それから寺で、大体、昔からの御同行があつまったところでお話しするということ、この二つが何か区別されておるのではないかという問題であります。

昔おばあさんが仏教講話という看板が出ておったのでお参りに行ったらば、お説教かと思ったら、何だ仏教（講話）か、というて帰ったという話があります。こうして聞く方にもそういう区別があると同時に話す方にも何かそういうふうなものがありはしないであろうか。いつであったか相当に偉い布教師であると思っている方が、どうも公開講演は苦手だといわれて、私も驚いたことがあります。これは困ったことであります。お寺へあつまるところの老若男女に話すのと、それから誰がおるかわからないようなところで講演するのと異なることがあるようでは、はなはだ遺憾なことであって、それをどうすれば解消していけるかということが問題になるだろうと思うのであります。

はじめに申しました恵空講師の『小僧指南集』に次のようにいわれています。すなわち、どんな場合でも四種類の人が自分の目の前におるのだということを忘れてはならない。第一は他宗の人、第二は智者、学者、物知り、第三は当流の同行、第四は一向愚者。どんな場合でもこの四種類の人がおるのだということを忘れないで話さねばならない。

昔の御講者も苦労しておるんですね。他宗の人がおるとしたなら、むやみに他宗の悪口をいうてはならない。智者があつまっておるということがわかったならばあまり物知りらしいことをいうなということでしょう。それが御同行の前では随分雄弁に話すことができるけれども、一般大衆の前での講演はできないということにはいろいろ考えさせられることがあるのであります。

次に問題となるのは座談と対談というようなものでしょうか。座談会というものが今日広く行われておるが、私も十数年来、壇に立って話すよりは、座談会に意味を感ずるようになってきております。いわゆる質疑応答ですが、それが本当に教化になるのではないかと思います。公開講演は衛生講話みたいなものです。本当の病気は衛生講話を聞いても治らない。やはり一人ひとり診断しなければならない。そういう意味で質疑応答は非常に大事なことであろうと思うのであります。したがって質疑応答の性格というものはよほど考えなければならない。そういう意味で問答というものの性格をあらためて研究してみたいと思うのであります。

『涅槃経』等に答えというものには四種類あるといっております。第一は定問答（決定答）。問いに対する徹底した答え。たとえば、「地獄・極楽というものはあるか」という問いに対して「ある」あるいは「ない」という答え、これが決定答。どちらにしてもはっきり答える答え方です。第二は分別答。これは先の問いに対して「地獄はありません。しかしながら作ることはできます。ちょうど刑務所というものは本当はないのだけれども、悪いことするから作らなければならんのと同じように、地獄というものも本当はない。けれども作ればあります」というふうに分別をまじえる。これは経典にあるから今さら説明しなくてもいいでしょう。それに対して、浄土はある、しかし念仏しないものにはわからない。こういうふうに答えられます。本願を信じ念仏をしないで浄土があるかないかというのはまったくの戯論《けろん》ですからね。

第三は反問答。問いをこちらから問い返す。「地獄・極楽はあるか」と問われて、「そうですね。あなたはどういうものをあるといい、どういうものをないというのか。あるとは目に見えたり、手に触れたりするものという意味ですか」と。「手に触れなくても、目に見えなくてもそれでもあるものはあるんだという意味ならあります」というふうに答える。むこうはただ無鉄砲に問うているのですからね。それを反問する答え方です。

第四は捨置答。これは返事をしないのが答えである。地獄も極楽もあるだのないだのというそういう事柄の中へ入らないものを、あるかないかと聞くのだから黙っている。以上が四種類の答え方であります。

こういうようなことで、さて宗祖においてはこのことはどのようになされておったかということを問題にいたします。ご承知のように『歎異抄』第二章に、十余か国の境を越えてたずねてきた御同行に対しての答えがある。また第九章には「念仏もうしそうらえども踊躍歓喜の心おろそかにそうろうこと」と問うておる。それに対して「親鸞もこの不審ありつるに」と答えておる。このように見てくると、どうも宗祖の場合には答えというものは、問いの言葉に対する答えでなく、問いの意《こころ》に対する答えのように思うのであります。なぜそういうことを聞くのか、その聞く意に答えておられるのであって、聞く言葉に答えておられるのではない。もし聞く言葉に答えるならばどんな問いでも大抵は愚問です。

しかし、問いには言葉にあらわすことのできないものがあるのでしょう。しかるに言葉にあらわれたものにだけ答えようとするからいくら答えても満足できない。つまり問いの方がもう少し深いのに、答えの方は問いの言葉だけに答えているのでは少しも問いの要求に応じておらない。これが現代の、テレビやラジオでの問答でしょう。これではだめなんです。

問いの言葉は五つであっても問いの意は七つであることを知って、そして八つの答えをしなければならない。それが第九章の「親鸞もこの不審ありつるに」と、唯円坊の問いの言葉に出ない何かを察した答えであります。この意味において質疑応答ほど話すものの力量をためされるものはない。質疑応答をしなければ本当に自分の力がわからないのであります。問うた人間の口をふさがせるぐらいのことはわけない。愚問だといえばそれっきりです。けれども宗祖はおそらく愚問だとはいわれなかったろうと思う。どんな問いに対しても愚問であるとはいわれなかったところに問いの意というものを尊重せられた宗祖の立場があるようであります。

したがってその場合の答えというものは多くの場合やわらかな答えでしょう。乱暴な答えではない。このことは「信巻《しんのまき》」に『大般涅槃経《だいはつねはんぎょう》』を引いて「諸仏は常に軟語をもって」とあります。ですから時によっては叱りとばすというような答えも必要かも知れないが、真宗は師匠はあっても弟子というものがないのですから、弟子なら叱りとばすということがあってもいいが、それは真宗の本当の道であるとは思えない。

外国では講演というものは三十分か四十分で済まして、後は質疑応答だそうですが、それが何か本当のような気がするのであります。それによって自分も他人も明らかになっていくのでありましょう。

さらにもう一つ個人の対談というものがある。それがとくにその人の身の上の問題に対して何とか答えねばならないということになると、そう容易には答えられない。ただその人のいうことを黙って聞くほかはない。それからどうなるかは、ただ念仏であります。本当に心から同情し、同感して聞くことができれば、それは不思議にもお役に立つのであります。

私はかつて、もし自分がもう一度この人間世界に生まれ変わることができるならば、法を聞くことはできるが、説法することのできない身になってみたいと思ったことがあります。その時分は若い頃であって、何を感じてそういうことをいったのか忘れましたが、しかし考えてみると私たちは説法という役割りをもって生まれてきました。

しかし説法ということも聞法にほかならないのであります。したがって私たちは聞法をして説法を知らないという、そういう境地のありがたさというものを忘れてはならない。私もしばしば地方へ招待せられて行きますが、夫妻あるいは住職と坊守と一緒になって法を聞いている姿にあうと、何かしらうらやましい気さえするのであります。自分が話すのだという誇りは消えてしまって、法を聞く人を尊敬せられるのであります。これは当然のことであろうが、自分の話を聞く人は説く自分よりも何かの意味において偉いのだということを私たちは常に思わなければならない。それは何かの意味においてであります。ということは学問においてということでもあろうし、人生経験において、あるいは性格の上においてということでもあります。

説くものはいつでも聞くものより偉いというようなことは教育の世界でも、あってはならない。教育の目的は自分よりも偉いものをつくるということであります。我々が人に道を説くということは、説く方の自分の感じはほんの二か三であっても、聞く方の人はそれを五にも十にも受け取って感じるということがあるのであります。

聞く人は自らの業と、天分と徳とによって喜んで聞かれるのであって、決して説くものの手柄ではない。もし自分の説いたことが聞く人に何らかの喜びを与えたとするならば、喜ぶ方の人に、確かに自分よりも偉いところがあるということを感じていいのであろう。こういうところに教家として生まれたものの喜びもあるのではなかろうか。一方から申せば教家の宿命というものの悲しみもあるが、またこういう形でお役に立っていくのだということにおいて本当のありがたさというものもあるのだということは、教家としての喜びであります。このことを憶念して忘れないことが非常に大切なことでないかと思うのであります。

（昭和三十九年十月　『教化研究』第四十五号）

浄土の機縁

――『観経』序分の中の人びと――

一

然《しか》れば則《すなわ》ち、浄邦縁熟《じょうほうえんじゅく》して、調達《じょうだつ》、闍世《じゃせ》をして逆害を興ぜしむ。浄業機《じょうごうき》彰《あらわ》れて、釈迦、韋提《いだい》をして安養《あんにょう》を選ばしめたまえり。

この総序の文を拝読いたしますと、そこに釈迦と韋提、提婆《だいば》と阿闍世《あじゃせ》という四人の人物が出てまいります。そして提婆と阿闍世の方は縁であり、釈迦、韋提の方は機であります。これは『観経』序分でもはっきりしております。また善導大師も、その関係についてくわしく説いておられます。したがってそれをかれこれいわなくても、もうわかったことだと思います。

ただそこで、『観経』序分の、

われ宿《むかし》、何の罪ありてかこの悪子を生める。世尊、復《また》何等の因縁有りてか提婆達多と共に眷属たる。

という韋提希《いだいけ》の言葉を通して、これらの人びとの因縁関係というものが考えられてくる。逆害を起こしたものがわが子でなければ、おそらく『観経』は出てこなかったのでしょう。母というものは、どんなことがあってもわが子を悪いとは思えないもので、韋提希にすれば、自分が殺される刃の下からも、わが母を殺すような子の行く末はどうなるやらと案じる気持ちがある。どこかで割り切れるものがあれば、浄土教というものは出てこないんだと思います。浄土教というものは、どこまでも割り切れないものがあって、出てきたに違いない。そういう点からいえば、韋提希と阿闍世との間にも機と縁というものはあるわけであります。

したがって、それと同じようなものが釈迦と提婆との間にも考えられないか、ということです。お釈迦さまは、みずからさとりをひらいたといっても、教えを乱そうとするような提婆があるということは、相当に問題でなくてはならないはずです。そむくものは放っておけ、といっておれないところに釈迦の心境があったのだと、こう考えれば、阿闍世を誘惑したものが自分のいとこの提婆であったということも、浄土教の大きな機縁であったといえるだろう。そうしますと、法のかかわりにおいて、簡単に見捨てることのできない釈尊と提婆、それから衆生縁の関係において思い捨てることのできない韋提と阿闍世、そういうことが浄邦の縁となり、機となったのであるということがわかると思います。

しかし、もう一つ問題になることは「浄業機彰れて」という時に、『観経』における釈迦というものが、どういうものであるかということです。それで、昨今思うことは『観経』における釈迦というものは、『大経』における釈迦と異なって、韋提が迷うている、その韋提に対して、釈迦もまた迷えるものに同情せざるをえない立場にあるということです。そこに迷える釈迦というものが感ぜられるのであります。

『大経』の場合は、今日はこういうことを説くのだということがはっきりしていますが、『観経』の場合は、韋提をどうにかしなければならんということで王宮へ来られたに違いないのですが、しかし今日はこう説かねばならぬという用意なしにおいでになったのではないか。そういうことが韋提というものに対する釈尊の立場である。

それから韋提希は、良かれ悪しかれ頻婆娑羅《びんばしゃら》王のいうことに従わなければならない。だから仙人を殺そうということについても、「それはなりません」ともいえず、「高殿から産みおとせ」といわれても、「いやだ」といえない。もう一ついえば、平生から頻婆娑羅王と共に仏法を聴聞しておられたんだから、ご信者であるに違いない。そうすれば仙人の占いによってかれこれするということも、どうしてそのようになったかわからない。しかし、何かそういうところに韋提希というものがある。

したがって、その人が悩んでいるのだということを考えなければ、平生から仏法を聴聞していて、今さら何をいうのだ、ということになってしまう。そこに、そういえない釈迦の立場があります。それでは、頭を剃って坊さんになったらいいでしょうともいえない。そこに、迷える凡夫というものがどういうものであるかが、はじめてわかった釈尊というものが出てくると思うのであります。

だから、それは衆生が迷えるゆえに仏もまた迷うということであります。子ゆえに迷う親心ということがありますが、大体、仏教の原則からいえば、親の心子知らずで、仏の心は凡夫にわからんということでしょう。だから仏のさとりは凡夫にはわからんものです。それをわからせようとするのが聖道の教えであり、そして我々が考えている教化ということも、みなそういうことでしょう。仏の境地はわからない。わからないものをわからせようというのが仏法の慈悲というものであります。

しかしながら、韋提希の立場からいえば、凡夫の心仏知らずということもいえるのであります。それは、何とおさとりのことをいわれても、おさとりはそうかも知れんけど、凡夫というのはそういうものじゃありませんと、そういえるのであります。そのように凡夫の心仏知らずという逆がいえるのが、私は浄土教だと思います。そこで凡夫の心を知るためには、凡夫にならなければならない。凡失になって共に道を求めなければならないということです。凡夫の心になって釈迦もまたあらためて道を求め、救いを求めるという、そういう立場の釈迦、迷える仏陀、それが『観経』における釈迦の立場であろうと思われるのです。

二

随分前のことですが、『正信偈《しょうしんげ》』の中に、「凡聖《ぼんしょう》逆謗《ぎゃくほう》斉《ひと》しく回入《えにゅう》す」という言葉がある、あの凡聖逆謗に今の四人をあててみたらと思ったことがある。少し無理だとも思いますが、凡は韋提、聖は釈迦、逆は阿闍世、謗は提婆でありましょう。凡聖逆謗斉しく回入するという、そういうことの意味の中に、釈迦を入れてもいいのではないかと、ふっと二十年前に思ったことがあるのです。しかしこれは何といっても無理なことなんでしょう。

ところで、これは『正信偈』の話ですが、もう一つわからないのは和讃です。

弥陀釈迦方便して
阿難《あなん》目連《もくれん》富楼那《ふるな》韋提
達多《だった》闍王《しゃおう》頻婆娑羅
耆婆《ぎば》月光《がっこう》行雨《ぎょうう》等

（『浄土和讃』）

それからもう一つ、

釈迦韋提方便して
浄土の機縁熟《じゅく》すれば
雨行《うぎょう》大臣証《しょう》として

闍王逆悪興《こう》ぜしむ　　（同）

と。ここに方便という言葉が二度出ていますが、弥陀・釈迦の方が阿難・目連。等の中には守門者も入る。後の方は釈迦・韋提方便して、とあります。浄土の機縁は釈迦・韋提の方便として、そして雨行大臣が出ている。

この二つの方便をどう考えるか。どちらかというと阿難、目連、富楼那、韋提……すべては釈迦、韋提にかかわりのある人間なんです。かかわりがあるから釈迦、韋提の方便とはいえないのかも知れない。何か私には、真宗の教えというものは要するに人生観であって、それは人間観と生死観を裏と表にもっているものだと思うのです。したがって「生死《しょうじ》の苦海《くかい》ほとりなし」（『高僧和讃』）といわれる時には、まったく聖人一人の問題になるのでしょうが、その中には愛憎というものが必ずある。

あらゆるかかわりのあるものが、みなこの世においては、愛とか憎しみとかいろんなことをいうているけれども、どこか打ちとけて一つ心にならなければならぬ場所がなくてはならん。その場所を浄土というところに求めようとすることなのであります。ですから、かかわりあいのある人間すべてが、一つに帰せなければ、弥陀の本願は成り立たない。釈尊の出世も、結局は一切の群生の救いの道である。そういうことで、和讃ではかかわりのある人間をみな出してきたのではないかと思うのであります。誰か一人救われないでも浄土教は成り立たんのだと、守門者まで含めてみな一つに帰するということを明らかにするために、弥陀釈迦の方便というものがあるのだということでしょう。

そしてそれが、私は真宗の歴史観だと思うのです。歴史というものは、昔から今を見るということになっていますが、同時に今をもって昔を見ることであって、その往復の間に底を流れているものを感じていくというところに歴史観が成り立つのだと思うのであります。だから歴史観というものがあってはじめて、提婆でも阿闍世でもみなただ人でなかったのだということがいえるのだと思います。善導《ぜんどう》大師が、韋提希は実業の凡夫だといわれることはよくわかるのですが、それを権化の聖者といわれるのもわからないわけではない。

たとえば戦争の時に死んだものは、みな苦しんで餓鬼道におちているんだと、あの頃の人はいいましたが、それはそうであろうけれども、しかし今日の我々からいえば、みな死んでくれたおかげで、と拝めば仏様である。だからうちの親父はつまらん人間であったということも間違いないかも知れんけども、しかし私たちにいわせれば、どんなことがあろうとも死んだ父親は仏であると思わずにはおれないものがある。何もかも自分らのためであったということですからね。

だから歴史観から見ていくと、ただ人でなかったのだということもいわなければならない。そういうことの方が、真宗の受けとり方としては大事なのではないかと思います。その上で一人ひとりの因縁関係の妙を見るということは、小説家にでもまかしたらおもしろいことがあるのだろうと思います。

その場合においては、たとえば提婆だって、釈迦に提婆といって、私たちは子どもの頃から、よくない人の代表みたいにいっているけれども、近代の研究ではそうでないそうですね。ある意味ではお釈迦さまより偉かったところがあり、教団とはこういうものだということを考えていた人だといいますね。そうすれば、あるいは提婆の考えなどは現代の教団の考え方に似ているかも知れませんね。もっと本質的に、もっと厳密に、もっと厳しくやらねば成り立たんものじゃないかと。

昔はお手々つないでといっていたんだが、現代ではスクラム組んででなくてはならんようになったのだと。今ごろになって手をつなぎ合ってという考えではだめなので、現代としてはスクラム組まねばならないのだという考えにすれば、提婆のいうことも、一応も二応ももっともだと考えなければならない。その上で、釈迦はどうすることもできなかったのだということを考えてみてもいいのだと思うのです。

だから提婆をはじめからつまらぬものにしておいて、お釈迦さまをかつぎ上げるのでなくて、やはりお釈迦さまに負けないほど偉い人に考えておいて、それにもかかわらずどうすることもできなかったのだという気持ちをたずねることも、私は浄土教として大事なことでないかと思うのであります。

それから阿難・目連は、釈迦の左右におった。大体、一般には舎利弗《しゃりほつ》・目連ですね。そこに舎利弗でなく阿難が出ているという。これなどもおもしろい問題である。やはり舎利弗というのは、あまりに理性的だったのですね。その点からいうと、阿難の方がよほど人間的な感じがする。阿難のおかげで尼さんができたのだとまでいわれている。何かよほど女性に縁のあった人らしいですね。だから阿難・目連というものが、あそこに登場してきたということも、いかにも『観経』らしい。

そこへ耆婆・月光が出てくる。それは善導大師がいわれるように、月光は偉かったのでしょうけれど、しかし耆婆という親戚関係の者が出てきて、それが一役つとめたので、それで阿闍世も剣を捨てる気になったのだと。月光だけならもっとやったのでないかしら、ということも考えられます。そういうことを一つ一つ調べて行けば、要はかかわりのある人間を一人残らず出したものだということも考えられる。

頻婆娑羅王と韋提希夫人ということでも、一方は男性であり、一方は女性であるという点からいえば、男性である頻婆娑羅王は早くも問題を解決している。どうせ渡さねばならぬ王位であるからには、どんな方法で渡すのも同じであるということで、あそこでさとりをひらいて不《ふ》還果《げんか》を得たというようなこともいうてあります。しかし、女性の韋提希、夫人であった韋提希にすれば、食べ物を運んで命をつないでいたのが止まってしまって、王は何かあったのではないかとさぞ心配していらっしゃるだろう、と心配している。心配していた身が心配される身になったということも、私は浄土教として大事なことだと思います。

宗教家というのは、人の心配ばかりしますけれど、しかし浄土教は心配される立場にならなければわからん。心配していただかなくてもいいのですという腹ができていれば、それは結構なのですが、心配されるということもわからんでおっては浄土教というものはわからない。弟子一人も持たぬという立場、これは珍しいことだといいますが、私たちには明瞭なことであるといってみたいのです。

こういうことをいった人は歴史上に三人しかいないとかいって珍しがりますが、それはそうでしょう。宗教家というのは指導する立場だと考えるから珍しいのでしょう。しかし浄土教は心配される立場の人のみわかるのだということになれば、弟子一人も持たずということは、当然すぎるほど当然であるといえるのではないでしょうか。しかし、その立場において教団はどういうふうに成り立つかということは、よくよく考えてもらわなければならないと思います。

ともかく、そういう形で一人ひとり吟味してみますと、どれもこれも問題をもっているに違いない。それがみな弥陀釈迦の方便の中へ含まれて、そしてみな、凡聖逆謗斉しく回入する境地である。それが、四海みな同朋であるということを領解する浄土教の立場であるということでありましょう。そうした上で一人ひとりの性格や生涯を考えてみることは意義のあることでしょう。

そうすれば、雨行大臣の方は釈迦韋提の方便で、これはそういう深い浄土教的意義でなくて、近いところの、あの時、雨行大臣の証明でもなければまだこんなにならなかったかも知れないけれど、雨行大臣の証明があったためにこんなことになったというところに、ただ人間のいろいろの問題というものは、とんでもない偶然のことがとんでもない大きなことになるのだと、そういうことを「釈迦韋提方便して」という形で出されたのではないかと思うのであります。

（昭和四十二年十一月二十四日　金子師宅にて談）

（昭和四十三年三月　『教化研究』第五十五号）

対応の世界

三つの問い

本日は、伝道研修会の全国大会がありまして、何か話をするようにとのことでありました。何のためらいもなく承知いたしした次第であります。

さて、考えてみますと、どんなことでも「何を」、「なぜに」、「いかに」という三つの問題があるのでありまして、それを伝道ということに関して当てはめましても、一体、伝道とは「何を」伝えるのであるか、「なぜに」そういうことをせんならんのであるか、そしてそれは「いかに」したらいいのであるかという、三つの問いがあるわけでございます。

そして、「何を」の問いに対しては、真宗の教えをひろめるのである。「なぜに」そういうことをするかといえば、我々宗門人として、その教えを広くひろめる義務がある。そしてそれは職業である。したがってそれを「いかに」するかということについては、これはまあカリキュラムですか、そういうようなものが編成されて、そしてそれに従っていこうということになっております。その限りにおきまして、三つの問いはすでに答えられております。それはみなさんご承知のことなのであります。

そういうふうに考えますと、ことに「何を」、「なぜに」ということが問題となるのでありましょう。なぜ我々は真実の教えをひろめなければならぬかということは、それが僧職であるからというだけで済まされるでありましょうか。

それは私も寺に生まれましたので、自分ではやはり布教しなければならぬ僧として生い立ったものであります。今では学僧というようなことにもなっているようでありますけれども、それは教えをひろめるためには、学ばなければならんということになったのであります。したがって、生涯教えをひろめるということについてはいろいろ経験したこともありますので、そのことでも話をして、みなさんのご参考になるようにということを考えました。

しかし、さていよいよとなりますと、何やら、みなさんも経験しておられる。そしてそれぞれ実績をあげておられると思うて、ためらっておったところへ、ともかく題を出せということでありました。そこで「対応の世界」ということにしたのであります。

さて考えてみますと、「いかに」伝道するかということについて、何らかの問題がなければそれまでであります。けれども、実際にやってみたが思うようにいかない。こんなはずでなかったということになるというと、布教する人には必ず、「なぜに」こんなことをしなきゃならんのだろうなあという、そのところへ問題がくるわけであります。そうなりますと、そこにはじめて教団に対する義務というようなものでなくて、もうすこし身近に、何かこう自信教人信というようなことがあって、自分もそれでなければ救われる道がない。人間の救われる道はこれより他にないのだという、そういうことがなければならないのであります。

だからして、「いかに」伝道していくかという、そういう問題につまづくといいましょうか、思うようにいかんという時になれば、それによって、「なぜに」こんなことをしなきゃならんのかという、第二の、「なぜに」の問題がことに重要であったんだということになるでありましょう。その「なぜに」ということを明らかにするものは、真宗である。真宗の教えというものは、どうしても自分も信じ人にも説かずにおれんようなものである。そういう意味をもったものであると。

こうなりますと結局、「何を」というところへ問題がくるのでしょうかな。そうすれば、私は一体、何を伝えようとするのであるかということになります。ここで真宗の教えというものを、明らかな上にも明らかにしなければならない、ということになるのであろう。ただ、愚かに「いかに」の問題であるとばかり考えておったけれども、やはり元へもどすというと、「何を」の問題になるのである。そうすれば、それは真宗の教えということであるが、その真宗の教えというものを何遍でもくり返して考え直してみなければならないということから、「対応の世界」という問題が見つかったのであります。

有限と無限との対応

これは少し大げさでありますけれども、今年一年、大学の二十回の集中講義でこのことを、またこの間から二、三回、他の場所でも話しました。二、三日経つと東京へ行かんなりませんが、東京でもこの話をしようと思うております。動機から申しますと、昨年の暮から大学問題というのがありまして、それに刺激され大きなショックを受けたということ、それがこういうような問題を持ち出させたのであるといってもいいんでありましょうが……。

ともあれ、対応の世界ということ、あるいは世界的対応、あるいは二世界観というような題で、場合により少しずつ変えていますが、要するに対応は世界的でなければならんということであリましょう。

それはこの世とあの世との対応であります。真宗の教えは仏と自分との対応であると、こういうふうにいうことができる。清沢満之《きよざわまんし》先生の『宗教哲学骸骨《しゅうきょうてつがくがいこつ》』を見ますと、宗教とは有限、無限の対応であると、こういってあります。この言葉は私も長い間、用いておりまして、そしてこの定義に相当するものは真宗である。禅宗も真言も、キリスト教もこの定義にはまるであろうけれども、一番正確にこの定義に相当するものは真宗である、ということでこの定義を用いておったのでありまするが……。

それで無限とは何ぞや。無限とは何ぞやといえば、先生はこういうておられる。神、仏、真如。真如というのが一つ入っているがね。これらはいろいろ考えさせられるのであります。神、仏、真如。有限とはわが身、われら、われらこの身である。こういってあります。対応にいたってはいろいろの言葉で、あるいは宗教とは「無限の境遇に対向するものなり」（『宗教哲学骸骨』）と対向、対し向かうという文字が使ってあります。あるところは「無限を（追及）受用する」（同）もの、受け用いるものであると、こういってあります。またあるところでは「無限の実存を確信し（これに対向してもって）その感化を受けんとするなり」（同）と。ここでは実存というような言葉を使うて、無限の実存を信じて、そしてその感化を受けようとするものである。こういうてありますが、それらはみんな対応ということに相当するものであります。

で、私は「対応」ということを二つにわけて、「対」とは対向。向いあわせになることであり、それから「応」は、感応道交《かんのうどうこう》ということがありますが、向いあわせになったところにそこに感応というものがある。だから宗教とは仏と凡夫とが向かい合わせになって、すなわち対向して、そしてその感化を受けるのであり、仏の心をこちらで感じ、こちらの心を仏から受けとってもらうということであるから、有限無限の対向、感応と。

哲学者は、むつかしい言葉をお使いになっておるのでありますけれども、結局は南無阿弥陀仏ということである。阿弥陀仏は無限者でありまするし、それから帰命は対向であります。南無は帰命。帰命はすなわち対向。阿弥陀仏はすなわち無限者。帰命するものは有限者、われらでありまするから、だから有限と無限との対向であるということは、すなわち南無阿弥陀仏であると、こういってよいのでありましょう。

私たちはこのように説明せんならんのだけども、おそらくインドの人にいわすれば説明がいらんのであろう。インド人は無限ということをアミダというておるのであります。だから南無阿弥陀仏、それが宗教であるといってよいのでありましょう。そして私も多くの場合そういいあらわしてきたのであります。

しかるに今日あらためて「対応の世界」と申しますのは、その対応というのは、仏のおるところ、すなわち浄土と、それからわれらのおるところの娑婆、すなわちこの世とあの世との対応でなくてはならない。娑婆と極楽との対応でなくてはならない。穢土と浄土との対応でなくてはならない。見える世界と見えない世界との対応でなくてはならない。そうでなければ、浄土真宗というのは成り立たないのであるということから「対応の世界」という題を見出したんであります。

それは今、申しましたように、大谷大学のように二十回の集中講義で、それをある場所では、三、四回で引き受けておるのでありまするが、それを今日は、ここで一時間か二時間で話するということになれば、どうも十分に話しすることができるかできんかわかりませんから、まあ筋だけ話しまして、後の証明はみなさんの中から、中身はどうでも入れてもらうということにしようかと思うのであります。

どうにもならぬ世界

まず第一に、その対応の世界ということを明らかにするために、第一にはっきりさせておきたいことは、人間の知慧と能力では、どうしても解決のできない世界である。人生というものはそういうふうにできておる。それがこの世を厭うべしと、あるいは「煩悩具足の凡夫、火宅無常の世界は、よろずのこと、みなもって、そらごとたわごと」(『歎異抄』)と、こういってあるのでありまして、つまり個人の問題でなくして、世界の問題である。個人と申しましても、世界内の個人、世界の内にある個人であって、したがって世界の問題を解くということと、個人の問題を解くということは一つでなくてはならない。

今、仮に世界ということを、外から周囲の情勢ということにいたしましょうか。そうして自己とは自分自身の精神と、こういうことにいたしましょうか。我々の生活というものは周囲の情勢いかんによるということは否応いえないことであります。暑ければ着物を脱ぎますし、寒ければ着物を着ます。おなかがすけば食べますし、こういうことですからして、人間の生活は周囲の情勢によるんだということは、これはもういやといえない事実であると思うのであります。

そういう点から、文化というものは、みなそれをめざして進んできたのであって、どうしたならば周囲の情勢をよくして、そして人間は気楽に、安楽に、自由に、平等に生きていくことができるであろうかということが知識、科学でありまして、したがって社会主義というようなものも、あるいは唯物論というようなものも、名前は変わっても結局、周囲の情勢がととのえば幸福になるのではないかという、こういうことが一つあると思うのであります。

しかし、事実はそうはいかない。確かにそのようであるけれども、そうはいかない。便利になれば便利になるほど危険率がふえてくる。アポロ十号が月に接近したということで、これで人類に明るい未来が開けたというようなことを、非常にこう何か明るい方向のようでありますけれども、私たちのような悲観性のものには、明るいのか、暗いのか……。そうすると、まずもって月の世界に軍備を置くことをしない条約をせんならんというようなことでありますなあ。

何か、人間は幸福であるためには、この地上において幸せに生きていくためには、地球を一遍でふきとばすような軍備を用意しないということできない。はなはだ危険な極みであります。こんなことから、人間性の復活とかいうようなことをいいだして、そしてそれはやがて理想主義というものになり、あるいは精神主義というものになって、やはり人間は心というものが大事であるということになってきて……。

仏教とは、申すまでもなく精神主義。私らも精神主義者であります。精神主義というものと、唯物主義というものとは、そういうような意味におきまして、まあいろいろいいたいのでありますが、その設定にいたしましょうか。少なくとも、精神主義の方はすぐれておるようでありますけれども、それで本当にやれるであろうかしら。精神主義をとるためには相当に修行がいるのであります。

この間も学校でちょうど同じ話をしたんですが、精神主義にとりましては二つの問題がある。一つは、あくまでも唯物主義に反対しなければならない。物さえ備えれば幸福になるんだという考え方に反対しなければならない。しかしながら、その反対は戦うものであってはならない。かえって手をとりあうようなものでなくてはならない。だから精神主義の人は争わないというておられます。そうすれば世の中のことは、みな物次第だという、そういう考え方を無下に排除するわけにはいかない。

こういうことを一つ覚えにしておっていいか悪いか知りませんけれども、私は清沢先生の学長時代に育てられたのでありますが、二十八日のある日の講演に先生がこういわれた。「私のいうところの精神主義というのはね、たとえばこういうようなものである。今は左側通行ということになっている。左側を歩かなければならない。私はそれを実行しております。ところが今日ここへ来る時に、曲り角でむこうから大きなトラックがきました。そこで私は右側に移りました。これが精神主義だ」といわれました。よくわかりますなあ。

それは戦わないということでしょうね。もし戦うということになれば、左側通行であるからトラックに回れと命令しなければならない。むこうへ命令するということになると、結局、あい争うことになりますものね。争わないのが精神主義である。それにもかかわらず唯物主義であってはならない。物にとらわれてはならないが、しかし唯物論者と戦ってはならないという一面がある。

他面にはもう一つある。それは精神主義は独立者でなければならない。神だの仏だのというものをたのんで、そしてそれを当てにするようであってはならない。これはまあ、あなたたちも布教なさる上においては随分問題だろうと思うね。

先日もある外国の人と話をしましたところが、最後になるというと人格問題が出ました。神の人格性ということをいいます。この人格性ということについて、どういうことを考えるのか知りませんけれども、何か阿弥陀仏でも、阿弥陀様という個仏があって、そして助けてくださるという時になると、この身を後ろから抱いて、そして浄土へつれていかれるんだというふうな、そういうふうに神だの仏だのというものを信ずるということになってはならない。それでは真実の宗教ではない。

したがって真実の宗教は独立の道であって、神、仏を当てにしないというところに精神主義の意味があるのでなくてはならんのであります。しかしそれにもかかわらず、その精神主義というものを徹底するためには、精神の内に無限の力を感じなければならない。無限の力を感ずるとすれば、絶対無限の妙用に乗托することにならねばならず、他力の救済を念ずるということになってくる。こういうことを一体どう考えたらいいんであろうか。

ともあれこの世界というのは、人間の分別や能力ではどうにもならないようにできておるんだという、こういうふうな世界に対して絶望するといいましょうか、断念するといいましょうか、そういうことがあるように思うのであります。ここに厭離穢土《おんりえど》、欣求浄土《ごんぐじょうど》というふうに伝えられた浄土教には、この世的なるものに断念するという、こういうことがあるんでありま す。そのことをまず第一に、もっともっとこう、何人もいやということができぬように明らかにしてみたいと思うております。

超越の世界としての浄土

そして第二に移って、そこに浄土というものを我々は求めずにはおれない。その浄土とはこの世を超えた世界、次元的に高い世界、あるいは高次の領域というようなことを随分前からいうてきたのでありますが、今では次元の異なる世界ということで、まあ大抵の人は領解されるんであろうと思うのであります。とにかく次元の高い世界というものを我々は求めずにおれないものがあるのである。

かつてもう十数年も前でありますが、私の家の前に大きな植木鉢がありましてね。そこへ毛虫が、そのふちを朝から晩まで、ぐるぐるとまわっていました。かれはもう一つの世界があることがわからないのです。つまり二次元ですか。かれらの世界はこれだけのものだからね。もう一つの次元の空間があるのだということがわからないのです。そういうふうなものが、人間にもあるんではないであろうか。つまり空間は三次元でなく、四次元であるというた。それは物理学的なことでありますが、我々の生活の上においてもそういうふうなものが考えられるんでないであろうか。

ポアンカレー（Poincaré）の書いた書物の中に、日本のはつかねずみは、耳に三半規管がないから二次元の空間しか知らない、ということを書いております。そういうもんですかな。人間の目から見るともう一つの世界があるんだがなあというようなこと。それが人間の世界についても思い合わせられるものがあるのではないでしょうか。これはまあ、柄にもないことですけれども、数学などをのぞいてみるとはっきりしておる。どうしても割り切れない数であっても、高い次元において見れば有理数である。その有理数でも開きがつかないことにおいて無理数が発見せられた。

そのようにどうにもならない世界が、浄土を観見することによりて道が開かれるのであります。こういうふうなもので、「勝過三界道（三界の道に勝過せり）」（『浄土論』）といわれた。そういう超越した世界というものを我々は要請する。思慕せずにおれないというものがある。それは何ですか、それはこの世を厭うべしということが機縁となって、あの世を欣うべしということになるんです。あるいはこの世はどうにもならんということはわかっておるけれども、そのどうにもならないこの世を解決する場所としてのあの世というようなことを考えることは、それは要するに想像ではありませんかと、こういわれるかも知れません。そこは一つの大きな問題ですね。

ここで私は、しばらく問題を外へおいて、二種深信《にしゅじんしん》ということと思い合わせてみたいのであります。二種深信というのはどういうのであるかというと、機《き》の深信《じんしん》と法《ほう》の深信《じんしん》というものとの対応でありましょう。機の深信が法の深信と感応するのです。しからばどうして機の深信が法の深信を感ずることができるか。機の深信は機であります。法の深信は法であります。だから機と法とは対向しておるのであります。その対向しておる間に感応が行われる。感応が行われるところに二種深信というものの意味があるのであります。「自身は現にこれ罪悪生死の凡夫」（『観経疏』「散善義」）という深信が、どうして「かの阿弥陀仏の四十八願は衆生を摂受して、疑いなく慮かりなくかの願力に乗じて、定んで往生を得」（同）という、そういう深信に感応することができるか。

　そこでわかることは、機の深信は罪悪生死の凡夫ということでありますけれども、深信そのものは罪悪生死であるまいということであります。そうでしょうな。罪悪生死の凡夫という内容は機の相に違いありませんけれども、しかしそう信ずる深信は罪悪生死ではないんでしょう。それは昔からいわれていることですが、ある人が私は嘘つきだといったとする、そうすればその嘘つきだという言葉だけは本当でなければならない。もし嘘つきだという言葉も嘘であるとすれば、彼は正直だということになる。嘘つきということが嘘なんだからね。嘘つきだというておるんだからそれは間違いないに違いない。だから彼が嘘つきだという、そういう言葉だけは嘘でないに違いないのであります。

　そのように、機の深信において罪悪生死の凡夫であるという、その深信の内容はそれに間違いないけれども、そう深信した深信そのものが罪悪生死ではないでしょう。もしこの深信そのものが罪悪生死であったならば、一体どうなるでしょうか。そうなれば機の深信も罪悪生死であるということになる。それでは法の深信に感応する「機」とはならないのであります。しかしながら、それは機の深信なるがゆえにね。

　それから、機の深信は自力か他力かという問題が昔からあるのです。機の深信は自力か他力か。これはどうも自力とはいえませんな。何となれば、今、申しますように深信内容と深信そのものとは違うのだから。深信そのものは何かこう、機の中にありながら深い真実がある。だからこれは自力であるとはいえない。けど機の深信で助かるのじゃないのだから他力とはいえない。他力とは如来の本願力であるからである。そこに自利真実というお言葉の意味もあるのではないでしょうか。ですから、本当にこの世に絶望して、この世の生活を痛んで人間の生活を悲しむということがあるなら、その悲しみは大悲に通じて、そして仏の世界というものに感応するのであります。こうして、厭離穢土の感情が欣求浄土の機縁というものになっていくのであります。

そういうふうな意味において、真宗におきましては、阿弥陀仏というものよりも阿弥陀の世界、すなわち浄土というものがことに重んじられておる。いい換えれば、阿弥陀仏と阿弥陀仏の浄土とは一体であるという、このことをここで明らかにしておきたいのであります。

身土不二の世界

そこのところに一つ気がつくといろんなことが思い合わされるのですが、手近のものは『讃《さん》阿弥陀仏偈和讃《あみだぶつげわさん》』です。あの和讃を見るとね、「清浄楽《しょうじょうがく》を帰命せよ」、「畢竟依《ひっきょうえ》を帰命せよ」、「本願功徳聚《じゅ》を帰命せよ」、「真無量《しんむりょう》を帰命せよ」等とそれで三十七あるのです。それらは浄土のことに違いありません。浄土の名でしょう。しかるにそれらのお左仮名に、阿弥陀如来であると書いてあります。浄土の名がすなわち阿弥陀の名であります。「畢竟依を帰命せよ」とか、「清浄楽を帰命せよ」とかある、その清浄楽とか畢竟依とかいうのは、すなわち安楽浄土の名であります。この安楽浄土の名がすなわち仏の名であります。

こういうところに一つ気がついてみますと、またこういうことがあります。阿弥陀仏は浄土成仏であるから報身である。これは道綽《どうしゃく》禅師や善導《ぜんどう》大師が、阿弥陀仏の浄土は化土であるか報土であるかという問題に対してのお説であります。阿弥陀仏は浄土で仏になられたんだから報身である。この世で仏になられた方はみな化仏である。

ここらあたりも、いわゆる聖道の思想と逆になってるでしょう。聖道門的な考え方からいえば、浄土で仏になる仏よりはこの世で仏になった仏が偉いんだ。お釈迦さまのような方は偉いのだというておるんでありますけれども、道綽、善導の考えは逆で、この世で仏になるといったって、それはよき教主となるくらいの程度であって、本当にこの世の衆生をすっかり救うということは不可能なことなんであります。浄土において仏になる、浄土成仏というところに、そこに阿弥陀仏が報身であるゆえんがあるんであります。

いい換えれば、如来あるところに浄土ありということでなくて、浄土あるところに如来ありということであります。それでいいんでしょうね。インドの論書などを見ますというと、父母のあるところこれを家という、という解釈もあります。家とは何であるか、父母のあるところこれを家という。そうすれば、浄土とは仏のましますところ、これを浄土というと、こういえるんであります。

しかし、これは凡夫の常識の考え方かも知れませんけれども、親たちのおるところを家だと考えるのは、無理でないかと思うんであります。家というものが別にあって、その家を親は自分のための家でなく子供のための家だと。子供のために建てた家なんであるけれども、しかしながら、その家があってはじめて親は親たることができる。そしてまた子供も子たることができる。親が親であることができる、子が子であることができるということは、そこに家というものがあって、そして親は親であることを忘れ、子は子であることを忘れることができる、というのが浄土教でないであろうか。

「若不生者不取正覚（もし生まれずは、正覚を取らじ）」（『大無量寿経』）ということは、汝ら往生することがなければ我も仏にならんという、そういうような意味をもっておるのであります。だからそこに目をつけるというと、浄土教の教えはあくまでも浄土を中心として、そして浄土にましますす仏、「その土に仏まします、阿弥陀と号す」（『阿弥陀経』）と。まず浄土というものを明らかにして、そこに仏ましますのであるというふうに説いてあるところが、今日の題目においてて第二にいいたいことでありました。

それでないと、真宗の教えの念仏の心は明らかになっても、本願の心は明らかにならない。

真宗は念仏宗であると、こういうて、そしてその念仏というのは阿弥陀仏と我々との間柄である。すなわち阿弥陀仏と私との対向、感応である。それが南無阿弥陀仏であると、こういうておる限りにおいては、誰もいやといえんことでありますし、どんな人だってうなずくことであろうと思うんであります。

しかし、そこからは仏の本願というものは出てこない。光明無量とか寿命無量とかいうことは感ぜられぬであろう。その仏の光に照らされて、そして仏のいのちをたまわってと、そういうふうなことで光明無量、寿命無量ということも、南無阿弥陀仏において感じられるんであろう。しかしながら、仏の本願、本願を信ぜよというその本願というものは、必ず浄土というものを方向づけておるのであります。本願は浄土にある。

だから曇鸞《どんらん》大師の『論註《ろんちゅう》』を見ますというと、二十九種の荘厳のことについて「仏もと何が故ぞ、この願をおこしたまう」ということで、浄土において本願をあらわし、本願を象徴したものが浄土の荘厳であると、こう説いてあります。だから本願ということを本当に身につけていこうとするならば、どうしても浄土というものを思わなければならないんでないでしょうか。

だから、「南無と言うは、すなわちこれ帰命なり、またこれ発願回向の義なり」（『観経疏』「玄義分」）というてある。あの場合の発願回向というのは、願いを発して浄土へまいりたいという心でしょうね。そういう意味をもっておる。その意味をもたなければ南無阿弥陀仏にならない。こういうことを第三に話してみたいのであります。それでまあ、対応の世界ということは、それだけ領解していただければいいわけなんです。

難信と疑惑

しかし、さらにそこから申しておきたいことは、第四に、そこに真宗を信ずることの難信と疑惑がある。どうも信じがたい。この法は難信の法であるという。難信の法であるということは念仏が信じがたいということではないのでしょう。如来の本願はわれらを浄土へ生まれさせたいということであるということが難信なんでしょう。したがって疑惑がとれない、どうもはっきりしないという。それを外からいえば疑謗破滅《ぎほうはめつ》です。いわゆる門外の人からいえばそこに疑謗破滅があるのです。

一体、仏法というものに対して、今日、いろんな批判がありますが、しかしそのインテリの批判というものは、禅宗はだめだというような人はおらんね。密教などどうかなと思うけれども、真言宗をかれこれというような人はおりません。要するに、風当りは真宗だけしかこない。どうですか。だから私などは、またかというような感じがするんです。その疑謗破滅するということは、何といってもまあここまでは親鸞のいうことはわかるんだけれども、これからはわからん。仏になるのは死んでからだとか、この世ではさとりがひらけんとかいうようなことは、古い思想であるという。そしてそれは既成仏教であるというようなことをいうんであります。それをまた『歎異抄《たんにしょう》』の著者はよく知っておって、この法を信ずる人もあり謗《そし》る人もあると教えられている。

だから、謗る人があるのでいよいよわれらの信ずるところは、間違いがないというてあります。そこまでいけば、謗る人があらん限り信ずる人があるということであって、あやまって謗る人がなくなれば一体どんなことになるのでありましょうか。そういうような性格のものだと思います。

『正像末和讃《しょうぞうまつわさん》』を読んでごらんなさい。「念仏信ずるひとをみて　疑謗破滅さかりなり」というてあるかと思えば、「念仏往生さかりなり」というてある。どっちも盛んなんです。疑謗破滅が盛んであればあるほど、また念仏往生盛んなりというところに、何かある。そこに浄土教というものの性格があるのです。

だから、ここらあたりで脱線するかも知れないけれども既成仏教という、その既成仏教では間に合わんというのでありますけれども、私には浄土教というのは既成宗教だというような気がしないんです。かえって未知の宗教でないかと思うんです。一体あなたたちが布教なさる上においても、既成宗教としてひろめられるか、あるいは未知宗教として教えをひろめられるか。

これは私は相当に大きな問題だと思うのであります。既成宗教というと、もうちゃんと信仰箇条が決まっておって、そしてそれをみんなが宣伝すればよいということなんであります。未知の宗教だと、まだわかっておらん。まだ時代の人にわかっておらん。時代の人にわかっておらんという限り自分にだって本当にわかっておらん。

これは少しいいあらわし方として大胆すぎるかも知らんけども、私には正直なんです。かたわらにわからん人がある限り私はわかったといえない。だから一緒にわからしていただきましょうと、それがまあ、布教ということの大きなコツでないかと思うのであります。われらが布教するのには、相手がわからんというたならば、自分もわからんものになって、さあ、一緒にわかっていきましょうというのが、それが本当の布教の方法でないかと。時間があればまたそのことを話さしていただきます。

そういうふうな意味におきまして、なるほど真宗教団に属しておる人びとにとっては既成宗教かもしれんけれども、しかしすべての人の宗教的要求に訴える場合になれば、宗教的情操とか宗教的要求とかみんないうておるけれども、それらの人の見出したその宗教は、禅とか密教であって、まだ浄土教というものまで彼らは見つけない。まだそこまでいかないんだから。そこに将来きっと、どんな人間にだって、まあ何とか片づけるかも知らんけれども、昨年来、出てきた大学の問題のようなものね、あんなようなものが本当にこう、社会主義的な頭で解決ができるであろうか。あるいは人間復興というようなことをいうて解決ができるであろうか。人間の分別を超えて、どうにもならんという、どうにもならん世界であるということがいつかわかってくるであろう。いつかわかってきた時に、そこに往生浄土の道という、すでに説かれておったその浄土の道というのは、はじめていわゆる庶民とか愚かな者だけでなく、知識人も偉い人もみんな同一念仏でそこへいかなければならんという、そして我々が布教するということは、そういうような意味において、本来の宗教とでもいいましょうか、本来の宗教をめざして、そして教えを説こうとしておるのであるということになるのでないであろうか。

現生への光

そして最後にいいたいことは、そういうふうに、来世というてみたり、あるいはあの世ということをいうてみたところで結局、問題はこの世から出たものである。だから解決は必ずこの世にこなくてはならんということであります。しかるに、浄土教を謗る人はこの世が重大な問題であるのに、この世に生きる道を説かないで浄土往生を説くことはけしからんといいますけれども、それは少し筋違いなんじゃありませんかな。どんなことをいうたって、人間の考えることは現在で、問いは現在にある。だからその答えは現在の光となるものであるに違いない。問いはこの世から起き、そして答えは彼《か》の世から来るのであります。問いは有限の世界に起きて、答えは無限の世界からくるんだということが極めて明瞭なことでないであろうか。

こういうことにおきまして、浄土教はあくまでも来世を説き、あの世を説きながら、実際になるというと現世利益ということになるのではないかな。だから本当の意味での現世利益というのは真宗だけであるということもいえるに違いない。

何となれば、現在の生活というものはですね、我々はどうにもならない世界に、念仏者は無碍の一道で、碍《さわ》りなしに生きていくことができるのである。この障害の多い世界を碍りなく生きぬくところの智慧、それは来世の浄土から来る光である。その光を受けて生きることができるのである。浄土からの光を受けてはじめて我々はこの世に生きていくことができる。そしてそれが本当に現在に生きていく道であるということになれば、その道を教える真宗こそが一番現世利益の教えである。だから、もし真宗の教え以外に現世利益のある教えが他にあるならば真宗をやめるというた人がありますが、はなはだ意味の深いことであります。

そういうことにおいてですね。何のために我々は浄土を願うのか。要するに、この世の問題であるから答えはいつでもあの世からくるのである。そういう点からいえば現生の利益とか、さらにもっと重大なものは、還相回向というものでありましょう。その還相回向というものは、これはまあ、真宗の学問にとっては一つのタブーのようなものでね。それを明らかにしようとするとむつかしいことになる。けれどもね。あれが一番大事なんじゃないかな。この世へかえるのだからね。

これは数十年前ですが曽我《そが》（量深《りょうじん》）先生の話であった。先生いわく、まあ坊さんはみんな還相回向の菩薩でしょうと。さあこうなると大変だね。あなたたちみんな還相回向の菩薩なんだ。それはそうでしょう。みんな何を教えるのか、何がゆえに教えるかということは済んでしもうて、いかに教えるかだけが残っておるのだから。

教化者は還相の菩薩

そうすればそれは還相回向でしょう。利他教化の果をえしめられておる。それでなければお説教できないのでしょう。そうしたら教化者は還相回向の菩薩というものでなければならない。しかし、いや、我々僧侶だけでない、在家の人にとっても還相利他ということは何か重大なものでないかと思うのであります。それでは、還相回向についてどんなことが説いてあるか、還相回向の中身を知る必要があると思うのであります。還相回向の中身はどうしても我々ではできそうにないようなことが説いてある。だから滅度のさとりをひらかない限りは還相回向に出ることができないと教えてあることもわかるのであります。

けれども、どうしてもできないことを知らずに行わしめられておるような気もするのです。一体、回向というのはそういうことでないかな。曽我先生は近時、とくに回向論と二種深信の話をせられるということを聞いておりますので、先生の話をいろいろと思い浮べておるのであります。おそらく今日も先生によりて十分に話されたことでありましょう。

回向ということは、要するに仏のはたらきであります。うっかりすると、往相回向は本願他力で仏様の力でなければならんけれども、還相回向は私たちがやるんだというふうに考えていませんかね。世間のインテリはそういうふうに考えていると思うな。だから真宗の坊さんは往相回向ばかり説くけれども還相回向はちっとも実行しないではないか、というのです。そしてそういわれる方の我々も、さあ今度、還相回向であるから大いに伝道するんだというけれども、回向ということから推してみますと、往相すら回向なんだから還相はなおさら回向であるということでなくてはならないように思う。

往相だけならばまだ仏のおまねきがなくとも、如来の招喚の声がなくとも、こちらの方から進んでいきます、ということができるけれども、還相回向の方では進んでやりますということのできないようなものであるが、おかげさまでやらせてもろうております、このようなことがお役に立つのでしょうかな、というようなものが還相回向の内容ではないであろうか。

教団の役割

そこで最後に浄土教の現在的意義というものを明らかにしてみたいと、そう思うておるのであります。最初に申しましたように、「何を」説くのであるかといえば真宗の教えを説くのである。「なぜに」そういうことをするのであるかといえば、自信《じしん》教人信《きょうにんしん》とか常行《じょうぎょう》大悲《だいひ》とかいろいろ申しますけれども、まあお互いに考えておりますることは真宗の教団に属する僧侶としての役割として、ということが常識でありましょう。そしてその上で、そのための、しかれば「いかに」すべきかということになっておるに違いない。

そして、そのように大谷派の教団が動いており、私にしてもみなさんにしてもそういうことで動いておることについては変わりないんであります。だからそのことそれ自体は、よいだの悪いだのという批評する余地のないものであるといってよいでありましょう。それにもかかわらず、私にはしばしばそれがどういうことであろうかなという、裏の考え方が出てきまして、そして裏の考え方が時によりますと教団の考えている方向から外れるようであります。しかし、それが案外またお役に立っておるんだと思いまして、これから最初に申しました、我々が教壇に立って、そして真宗の話をすることは一体どういうことなんであるかということについての雑感を、話してみたいと思うのであります。それが「対応の世界」という題にどこでつながるかわかりませんけれども、まあつながるものとして聞いていただきたいのであります。

まず第一に教団というものですが、教団とは何であるか。教団とはいかにあるべきか、ということはこの研究所でも研究していらっしゃいます。大谷大学でも先生方が、各方面から研究しておられます。いずれも期待されることであります。しかるに私がいろいろ読みましたものの中には、教団というものを否定するようなものもあります。それは先ほど申しましたように、ちょっとこう、教団の常識に異なるようでありますけれども、参考として耳を傾けておかなければならんと思うのであります。

第一は行誡《ぎょうかい》上人、知恩院の近世の名僧でありまするが、この方は廃仏毀釈《はいぶつきしゃく》と申しまして、明治維新の時分に仏法をみな廃し、坊さんなぞみな在家にしてしまえという運動があった。それに対して大州鉄然《おおずてつねん》とか島地黙雷《しまじもくらい》というような人がおって護法《ごほう》運動というものがせられたのであります。その護法運動のただ中にあって、行誡はこういうことをいうておる。

> 宗旨伽藍は人の作る所なり。僧官爵禄《そうかんしゃくろく》は人の与うる所なり、金剛経《こんごうきょう》に云わずや。一切有為法如夢幻泡影と、強《しい》てこれを防護して失わざらんとするは、所謂偏見にして亦貪欲《とんよく》なり。
> 苟《いやしく》も貪見を守るは唯凡夫世俗《ただぼんぶせぞく》のみ、我仏法にあらず。（『行誡上人全集』「同徳論」）

これは行誡上人の言葉です。説明するまでもないことでしょうな。真宗だの、浄土宗という宗旨というようなものは、伽藍、すなわち寺によっているものである。その宗旨伽藍は人間の作ったものだというんです。また僧官爵禄というと、僧正とか大僧正とか、僧官やそれからそれにともなう爵禄というようなものは、人の与うる所なり。旧幕時代では政府から貰ろうたものであります。

さて『金剛経』(『金剛般若経』)を読んでみるというとこういうことがいうてあるんではないか。一切有為の法、有為の法とはつまり作るところ与うるところですね。そういうものは夢のごとく、幻のごとく、泡のごとく、影のごときのものであると説いてある。そんなものをどこまでも防いで護ろうとして、愛山だ護法だということで一生懸命になるということは、これはいわゆる偏見というものであって正しい思想ではない、貪欲である。いやしくも貪欲と偏見を守るということは、これは凡夫世間のことであって、わが仏法ではないんだとこういうておられます。いやといいえんことのように思うのでありますが……。

そうしますというと、教団を守るということが決して僧侶の任務じゃないということをいわれるのでしょうな。私たちの生い立ちの時分にはどうも真宗の教えがわかりませんでした。しかるにそのわからん教えを何とかして弁護しなければならんと思うと、まあ思想上の弁護士に生まれたのかなあと思うたことがあります。しかしもちろんそんなものじゃないのでしょう。されど現実の教団というのはあまり具体的なことは申しませんけれども、何かこう近代の諸宗の歩み方を見るというと、行誡上人の言葉をもう一度高くいうてみたいような気がするのであります。

さて、同じようなことは無住《むじゅう》禅師の『沙石集』という書物の第十巻目であったと思いますが、正確なことは忘れましたが、そういうようなことが語られています。「教えというものは宗派のできた時に生命は失われるものだ」と。これは随分、大胆なことをいうたものですね。法相宗《ほっそう》の慈恩《じおん》の例が出ておったと思います。慈恩大師が法相宗をたてた時に、法相宗というものは終わったのである。何とかして法相の道理を明らかにしよう、明らかにしようと思っておった時に、そこに法相宗の精神というものがある。こうと決めてしまえば終わりだと。

私はこれもまた一つの考えだと思うのであります。つまり、どうしたならばこの法を明らかにできようかと求道している間は伝道になっているんであります。これで伝道だと決めてしまったらもう伝道ではなくなったんだと、こういうことを考えることができないんでしょうか。

もう一つあげましょう。それは第二回世界仏教徒会議というものが、どこであったかは知りませんが、そういうものがありまして、そこにインド代表のラルムシュワラ博士という人が「世界平和の為の宗教」という題で講演をした。その講演がその頃の『中外日報』に出ておりました。そこに彼はこういうことをいうております。

ごくはじめの方ですがね。「仏教は登録を要しない」と、頭からこういったものですな。私は仏教徒でありますという登録をする必要がない。名簿に書く必要がない。仏教は登録を要しない。したがって「他の宗教のごとく会費を支払う教会員制度はない」といっております。そして「仏在世のみぎり、仏はありのままの社会に処して、ありのままにふるまわれ、社会に何らの変改を加うることなく、ただ衆生心性の平等を説き与えられた」と、こうあります。これはまあ、私もいいたいところなんでありまするが、このようにインド代表がすでにいうておられます。

仏教というものは、世界はこうあるものである、人生はこうあるものであるということをお説きになったのであって、その社会を変改し、この仏教を信ずれば社会がこうなるというようなことを考えていらっしゃらなかった。私はしばしば仏教徒、ことに真宗教徒は社会に対するはたらきかけがないと、かなり鋭く迫ってくる質問に出あうのであります。それは社会に対してはたらきかけがないということは仏教や真宗の弱点であるように思うているのでしょう。けれどもインド代表がこういうことをいうておるのを思いますと、私は何か力強いものを感ずるのであります。

そもそもはたらきかけとは何であるか。社会にはたらきかけようとするならば必ず仏教徒が連合して組織を作って、そうしてはたらきかける。世界平和のためにはベトナム戦争をやめてもらいたい、安保も廃止してもらいたい、あるいは続けてもらいたいというようなことがはたらきかけであるとするならば、そのはたらきかけをしないところに仏教の意味があるんではないだろうか。だからして、私ははたらきかけということは何かの行動であるとするならば、仏教徒はそれをしない。

けれどもはたらくとは生活であるならば、仏教は生活に即する宗教である。真宗の教えは生活に即しないというけれども、しかし私らの感じでは仏教ことに浄土真宗ほど生活に即する宗教はないと思うております。その場合に生活ということは、決して社会に変改を与えるようなものではありません。しかしもし社会に変改を与えないようなものが生活でないとするならば生活とは何であるかと、こう聞いてみたい。

私はつまらんものでもかまわない。テレビを見ているのですが、しかし彼らは真剣ですよ。あれは何だろう。あれは社会に貢献しないのかなあ。本当はあれがそれぞれ社会にはたらきかけてるんでないであろうか。

要するに社会は何でもっているかというと、何々主義だの社会党とか自民党とかいうてるものによって、本当に世界が保っているのであろうか。それとも、本気になってそれぞれの職業をつとめている人びとによりて維持されているのでしょうか。生活というものはそういうものが本体なのでありましょう。そういうことを考えることは、やっぱり指導者だけで社会が維持されるということになる。被指導者は役に立たんということになってくる。そうでしょうか。

こういうような意味において、仏教は社会に何らの変改を加うることはない。ただあるがままの人生に光を与うるのである。仏教の力で世の中を変えようというようなことを考えておるのではない。ただ衆生心性の平等を説くのである。人間の心というのはみな同じことである。悉《しっ》有仏性《うぶっしょう》であり、また煩悩のあることも同じことである。人間は本来的に平等であるということを説くものであると。こういうておるということ。ここらも、教団とは何ぞやということを考えるにおいて非常に大事なことでないかと思うのであります。

そういうふうな意味におきまして、われらが説教をするということはどういうことなのであろうか、伝道するということはどういうことなのであろうか、ということになりますと、結局、聴衆を礼拝することでなければならんと思います。それは少し大げさでありますけれども。

教えを説くものの態度

もし、私の一生涯において回心ということがあるとするならば、説くということは聞くということの方向転換であります。こういうてきたのであります。これはまあ、私個人の回心経験であるからして、わかってもらえないのもやむをえないのでありますが。しかし、わかるわからんに限らない。これが当然のことでないかと思います。だから、昔も、真剣に布教された方は必ず聴衆に合掌されたそうであります。悉有仏性なんですからね。

だからこちらで話そうとするならば、わかる機が聞き手の方にあるんでなければならん。お前たちはわからんが私はわかっておるから教えてやるんだ、というようなことではないんでしょう。話せばわかる。話せばわかるということは、また実際話してみると、話した人間よりも聞いた人間の方がもっとわかるということがあるんです。またそうでなければね、話というのは意味がないんでしょう。そういうことも多いようであります。

けれども、どちらかというと話す方が五しか話さんのに聞く方が十にして聞くということもあるんであります。だからして説く方がすぐれておって聞く方がすぐれておらんということはいえないことなのであります。で、我々が説教をするということは、要するに聞く人に聞くということでなくてはならない。聞く人を拝んで、そうしてその人に聞くということでなければならない。それが自信教人信ということになるんでないであろうか。

この間から、自信教人信ということを二種深信に配当して思うてきました。自信とは何ぞや。機の深信なり。教人信とは何ぞや、法の深信なりと、公案のようなものを作ってみたのでありますが、いかがでしょうか。自信のないことを人に話すことができない、ということはこの私の生い立ちからの悩みなのでありました。けれども、そうして自信をたずねておったのでありますが、しかし我々にとって自信というのは機の深信の他にないんでないか。だめな人間なんだ、自分は何もわかっておらん人間なんだと。それだけは自信をもっていえる。さあどうですかね。まあ個人的なことはどうか知らんけれども、それだけは自信をもっていえる。

宗祖聖人のお言葉などを抜きましても、何かそこに、その機の深信を語る時には、こう本当に自信に満ちた言葉があるようであります。

三恒河沙《ごうがしゃ》の諸仏の

出世のみもとにありしとき
大菩提心おこせども
自力かなわで流転せり
（『正像末和讃』）

私はだめなんだ、おかあさんの腹の中から生まれた時からこうなんだと。そんなことじゃないんです。三恒河沙の諸仏というのはどんな方か知らないけれどもね。とにかく、ああいう言葉によって自信の深さというものをあらわしている。そして、教人信になるということになると信に違いないけれども、ただ讃仰ですものね。ほとけの徳を讃めたたえておられるんです。だから自信教人信でいかんならんということは、自信も教人信も法の深信であるかも知れませんけれども、何かもっと身についた、そして自分が語る時の心境を思いますというと、自信とは機の深信である、教人信とは法の深信であるというふうなことがいえるように思います。

そういうふうにして我々は人びとに話をするのである。相手を拝んでいく。相手に話すということはむしろ相手の心に聞く。説くということは聞くことである。そういうことにおいて、そして実際、我々は何に満足しなければならんかというと、分を尽くして用に立っていくということであります。それで先ほどは生活のことを申しましたのですが、相撲をとる人でも歌をうたう人でも、みな自分自身の分を尽くしておるのである。そしてその分を尽くしてみなに笑うてもろうたり、讃めてもろうたりすれば用に立つんであります。分を尽くして役に立つんだという、そこへいけば何人もまた喜んで自分の職業を励むのだと思います。我々もそうなんである。我々も分を尽くして用に立つだけである。一体、僧侶の分とは何であるか。我々仏法を学んだものの分とは何であるか。今日は今日わかっておるだけを話すことである。これが尊いことであることと思う。

しかし分を尽くすということはそもそもどういうことであるか。ここにまた一つの人生観が出てくるのです。この人生観もただ私だけのものでなくて仏教的なものであると思うのであります。それは現代ではいかに生くべきかということが問題になっております。それは重要な問題であるに違いありません。いかに生くべきか、これは根本的な問題であるのにもかかわらず、いかに生くべきかということに力を入れますというと、生きるためにはこういうこともせんならんというところへ傾いてしまってね。そしてそんなことをしておっては食うていけないんじゃないかというところへいってしまうのであります。だからいかに生くべきかという標語そのものが間違っておるとは申しませんけれども、何かいかに生くべきかというところにはすっきりしたことがつかめない。

だから私は裏をいくのです。いかに生くべきかでなくて人間はいかに死ぬべきか、人間はいかに死するべきかという、これは私自身のいろんな人生経験からそう思うているのであります。いかに死すべきかということであります。いかに死すべきか。それはいかに分を尽くすべきかということであります。あたかもすりこぎのようにすり減らすこと、それが分を尽くすということでしょう。なくするのが目的であります。すりへらすのが目的であります。人生の目的でありますす。人生の目的は何であるかといえばこうして死んでいくことができるものを見出すのである。こうして死んでいくことができるということでなければならんと思うのであります。それが分を尽くしてご用に立つという、そういうことであるのでないであろうか。

無限の道

しかしそんなことをいうても結局どうにもならん世界はどうにもならんのじゃないか、我々のようなものが一人二人よって、そうしてそこに道ありと叫んでみたところで結局どうにもならんのじゃないかといわれるかも知れません。おそらくそうであろう。おそらくそうであろうけれども、しかしながら分を尽くすということは大体そういうことなのである。

私は最近二つの話を思い出す。一つは鳩が恩返しのためにね。焼けた大きな森に羽ばたきの水をかけたということであります。鳩は森の恩を感じた。この森に生まれその森に育てられた。その森が焼けているので羽を水たまりにしたして、森の火を消そうとするのです。それで火が消えるか。消える消えないの問題ではない。消すんだ。それが恩を感ずるものの態度であるということ、何かそういうところにね。そういうところに分を尽くすということの意味があるんであろうと思います。

もう一つは『大無量寿経《だいむりょうじゅきょう》』に大海升量という話がありますね。大海の水をひしゃくでくみ干すのでありますす。そんな小さなひしゃくで大海の水を干せるかというと、干すんだ。百千万劫何億年、経とうとも「我が行《ぎょう》、精進《しょうじん》にして忍びて終に悔い」ず実行するのだと、こういうのが、大体、仏教徒の役割ではないだろうか。そんなことをして無駄だとかだめだとかいうことは、それは大体、精神の世界では許されんことであります。だから裏から申すとまた他の経（『雑宝蔵経』）には大海の水よりは手の中の水の方が多いんだということをいってあります。これはなかなか意味が深いですな。

そういうふうなところに、我々布教ということを考えておいていいのじゃないかな。何の効果もあがらんでもやむにやまれぬことをやっているのである。やむにやまれぬことをやっているのならば、そこに内に満足するというものがあるに違いないのであります。

仏法は滅びるかも知れない。真宗の教団もどうなるかわからない。諸行無常でありますからしてやがて生あるものは必ず死に帰し、盛んなるものはついに衰う。であるからして人間の世界だって何のかんのいっているけれども、人類がみな滅んでしまうということもあるんじゃないかね。ちょっと悲観すぎるかな。悲観すぎるか知らんけれどもまあそんなふうなことも、「経道滅尽ときいたり」（『高僧和讃』）ということもあるからして、我々は何というても真宗の教えも滅びれば何もかも滅びるんだということがあるかも知れない。いやあるであろう。あるであろうとも私は信行するんだという、これが仏教徒の心ではないんでしょうか。

私には最後の一人《いちにん》という、これもこの間ある新聞社に行った時にそういう考えがあるんですといったら、わかったかわからんかったか、書いてはくれましたがね。最後の一人、今でも忘れません。昭和二十七（一九五二）年の安居の『大無量寿経』の講義の時でしたかな。「経道《きょうどう》滅尽《めつじん》　我以慈悲哀愍《がいじひあいみん》　特留此経《どくるしきょう》　止住百歳《しじゅうひゃくさい》（経道滅尽せんに、我慈悲哀愍をもって特《こと》にこの経を留めて止住すること百歳せん）」。仏法などみななくなってしまう時節がある。だけどもお釈迦さまは慈悲をもって百年の間、この念仏の法だけは残しておくと、こう『大経』には説いてある。この「慈悲哀愍」というのはありがたそうな恩に着せるような言葉であるが、それもわずか百年ぐらいではと。こんなふうにこう子供みたいな疑問ですけれどもそう思ったことがあるんです。「止住百歳」といわずに止住万歳でも止住億歳とでもいわれたならばと思いました。

　けれどもふとこれは私の生きている間はということであると気づきました。非常に感激したのであります。百年とは私の生きている間である。そうすれば仏法に遇《あ》う最後の一人である。ああその百年に間にあってよかったなあ、もう百年おそければ仏法に遇うことはできなかったのであります。いいかえれば私の生きている間は仏法は滅びないという、そういう意味であるに違いないということで、とても名状すべからざる感激を覚えたことがあるのであります。そしてそれを今日また思い出すのであります。

あまりくわしいことを申さんでもみなさんいろいろと思いあたることがあるでしょうから。私はあまり近いところはいわないことにして、広く日本の国家ということを思いましても、あるいは世界ということを思いましても、世界が、人間がこの地上生活をすべき運命の内におかれてあるならば——、条件的である。人間だっていつまでも地上で生活できるように思うているけれども、世界もこわれる。終わりがないとは限らない。しかしそういうことがなくて人間が地上生活をするように決まっているならば、そういうふうに自然の道理として決まっているならば、この世界にある人間は浄土の教えでなければ救われないであろうということが、私ははっきりといえると思うのであります。

こういうような意味におきまして、最初に申しましたように我々の説こうとするものは一教団のためというようなものではなく、それは本当に世界人類のためである。そしてそれが私のつとめである。一方からいえば望みのないようなことであるけれども、望みのないところに望みをかけて、そして最後の一人として道を求めていこうというところに我々の役割があるのではないだろうか。

そういたしまして、こられた人が百五十人もおいでになるんだそうでありますが、一人でも充分であるのが、二人、三人、五人、そして乃至百人も百五十人もそこに心を一つにして、組織ではない、スクラムを組むものではなくして、もっといえば深いところで手をとりあっている。そして「みな同じく斉《ひと》しく、選択《せんじゃく》の大宝海《だいほうかい》に帰して」（『教行信証』「行巻」）いくのであるという道を我々はもっているのであるという、非常に暗い人生観から非常に明るい世界観を与えられたのが、それが浄土教というものであろうかと、こんなふうに思うのであります。これで話をとめさせてもらいます。

（昭和四十四年九月　『教化研究』第六十号　伝研終了者全国大会講義）

仏教音楽について

小さい時から歌が不得手といいましょうか、唱歌も歌えませんでしたし、仏前の声明もどうも本格的にいかないのであります。たまたま歌など口ずさみますというと、おじいちゃんの歌は本読むようだ、と笑われているようなことであります。そういう点から申しますれば、音楽に関しては何にも話をする資格はないのでありますが、しかし不思議なことには、聞くことだけはできるのです。ある点まではよい歌であったとか感心しなかったとかいうようなことがわかるのであります。歌えなくてもわかるものであるか、それとも歌えなくてわかるということはないかということは、一つの問題でありましょう。

ある人の話によれば、歌えないということは喉が悪いのではなくて、耳が悪いのだということであります。そういわれれば私は幼年の時から耳が悪いのでありました。それを自分の声帯がどうにかなっていて歌えないのであると思っていたのです。しかし歌えないということは声帯の具合でなくて、耳のせいなのでしょう。そうなりますと人間の生活における耳の領域というものは、随分広いものであります。しかれば歌えなくても歌がわかるということは一体どういうことであるか、やっぱり耳のはたらきなのじゃないか。こういいますと、歌う耳と聞く耳と別ということにもなりましょうが、随分、大いに考えなくてはならない問題があると思うのであります。

そういうようなことですから今日お話しようと思いますことは、仏教の音楽としてはこういうことが願わしいことであるということであって、こうなければならぬということではありません。専門に歌っている人に、また音楽ということが十分にわかっている人びとに取捨していただかねばならぬことは申すまでもないことであります。

一　音楽と歌詞

いずれが主か

そこで話したいことをおおよそ四つほどまとめてみたのですが、第一番に、これは音楽一般に問題となっておりますす「音楽と歌詞」ということであります。

幼少の時から歌と音楽というものはあい離れないものに思っておりました。歌の節が音楽なのであって、歌を離れて音楽はないのであると、こんなふうに思うてきたのであります。しかし実はそうではなくて、音楽は音楽であり、歌は歌であって、本来は別な領域をもつものでなくてはならんということが正しいことのようであります。

そういう点から西洋の方では、歌というものを予想しないで音楽だけ、すなわち音曲だけのものであることを明らかにしたいという傾向が多いのだそうであります。そういうふうに音楽というものと歌詞《うたことば》というものとは別なものであるから、歌詞に関係なしに音楽というものはなければならんという方向に向いておるということを聞いております。ところが日本ではそうでなくて、音楽は必ず歌詞にともなわしているということであります。けれども日本においても、音楽で歌詞を予想しないということもあったのではないでしょうか。

これは後で話をしようと思いますが私は楽器のうちでもことに笛に心をひかれるのであります。たとえば尺八に「鶴の巣籠《すごもり》」ですか、題だけ知っておるのですが、その尺八の音を聞くことが、いかにも楽しい。あれは尺八を吹いておるのでありますから歌詞はないのでありましょう。「鶴の巣籠」という題はどうしてつけたかわかりませんけれども、別に歌詞がなくして音楽だけで聞かしております。琴にも六段とかいうものがあって、歌なしに琴の音だけで聞かせるというようなこともある。

ですから音楽は音楽だけであって歌の詞は関係ないのであるということでありましょうが、そういうことはこういうことからも考えられます。歌は違っておっても同じ曲で歌える。歌にともなうように必ず音楽があり、あるいは音楽のために歌があるのならば、どの音曲どの歌でも同じ音曲で歌えるということはないはずであると、こう考えられます。テレビやラジオで時々聞かせられるのですが、何ですか黒田節と嵯峨の奥をたずねる想夫恋《そうぶれん》と同じ曲でやっています。もっともあの曲は越天楽《えてんらく》ですか、大抵の歌はあの曲でやれるんだそうでありますが。

しかし音楽は音楽であり、歌詞は歌詞である証拠には、違った歌でも同じ曲で歌えるということもあるんですから、確かに音曲は音曲であり歌は歌なのでありましょう。しかしながらまたその逆の場合がありましてね、それならどの音曲でもどの歌にでもはまるかというとそうもいかない。君が代の節でソーラン節をうたってくれなどといわれても、随分困るだろうと思います。

そういたしますると、やはり歌にしっくりとした音楽というものがなくてはならないということから、一足飛びになるかも知れませんけれど、いわゆる作曲ということが重要になるのでありましょうか。作曲ということは、つまりその歌に相当に、この歌にはこの曲でなければならんというものを見つけ出すのが、作曲というものの意義でないかと思うのであります。だからして歌がまずければ曲もまずいということもあるかも知れないし、あるいは歌はそう感心した歌でないけれども、作曲のおかげでひきたっていいものになったということもあるでありましょう。そういうことで、現代の音楽の問題は結局、作曲ということになるのでないであろうか。音楽の問題は作曲家の問題であるということになりはしないであろうかということを、思うのであります。

和讃と声明

こんなことをいうてもこれ以上のことはわからないのですが、ただ私が真宗の教義を学んでいく上において、何とかして明らかにしてみたいのは、和讃であります。

御和讃というものは私たちは始終何かにつけて、「弥陀成仏のこのかたは」(『浄土和讃』)から、「如来大悲の恩徳《おんどく》は」(『正像末和讃』)と、うたっているのであります。しかしながら、歌そのものとしてはあまりいいのじゃないそうですな。日本歌謡史というものを研究している人の書物を、一、二読んだことがありますが、どの人も歌謡としては親鸞の和讃というものは大したものじゃない、時によるとつまらないものだといわんばかりの調子であります。朝夕拝読しておりますす私らにしましたら、何か知らんが、そういうことをいわれると落ち着きかねるものがある。

亡くなられた住田智見《すみだちけん》という先生、あの方も何でも読まれた方で、歌謡史の書物なども何冊も読まれたらしいのですが、どれを読んでも親鸞の歌謡というものはあまりおもしろくないと。大谷大学の国語の先生でも、「何因何縁《がいんがえん》いかなれば」(『正像末和讃』)なんていうようなあんな歌はないと、こういうようなことをいわれるのであります。けれどもこちらは何も知らないのですから、ただ遺憾というほかはないのであります。声明作法研究会というものがありまして、前にその委員に入れてもらいまして、そして音楽やら歌やらに堪能な宗門の人びとを集めて、その時のお話にもその話が出たのでありますが、やはり歌としてはどうもということでありま す。

しかし音楽としてはどうなんだろう、という問題であります。つまり和讃だって、ただああやって歌をつくられたのであるか。それとも祖師はですね、あの歌を同時に、いわゆる声明ですね。声明は一つの音楽でしょうが、声明として、音楽的にうたわれたものであろうか。こういうことから考えると、もう一つ見直さなければならないものがある。それは格調の問題でありますす。格調の高いことということは、あるいは親鸞の和讃以上のものはないのではないかというようなことも、耳にはさんだことがあります。そうしますと歌としてはまずくとも、それを読んでいく時の調子の高さというようなものが音楽的なものとしますれば、何かこの和讃と音楽というものを問題にしてみたいのであります。

ところで日本の声明ですが、これは中国の魚山《ぎょざん》から始まって、日本では真言流、あるいは天台流と二流があって、というようなことであります。そうしますと比叡山、天台において讃歌もつくられ、そして音楽もあったに違いないのであります。源信僧都《げんしんそうず》などは今日の歌謡史家からも感心するような歌もおつくりになり、同時にその音楽、いわゆる声明というものにも堪能でおいでになった、というふうに伝えられております。

そうしますと源信僧都のあとを慕うておられました親鸞聖人は天台流の声明というものを伝えておられるに違いない。だからあの和讃もただ歌としてみなに読んでもらうということだけでなしに、声明として、音楽としてうたうというようなお気持ちもあったのでないであろうかということであります。そういう点から今日、東西両本願寺、いくらか節が違うようでありますが、ともかく声明として和讃を読むに、初重、二重、三重、ああいうことも音楽の歴史の上にあることだそうですが、そしてああいうふうにうたうということ、それが祖師自身の気持ちでもあったのでないであろうか。祖師は歌だけをつくったのではない。やっぱり自分でもうたわれたんだ。

その歌の調子が伝わっておって今日、本願寺で我々が声明としてうたっておるのは、あれはみな祖師もあの調子でうたわれたんだと、こういうことをいうておられる人があります。まあ真宗では清水兄弟、あるいは権藤兄弟、兄さんの方は亡くなられましたが、権藤正行という人、その人とおつきあいしておったのですが、その方が和讃について、あの声明の節は親鸞聖人もああいう節でもって読まれたんだ、というておられました。そういうことはよくわかりませんけれども、あるいはそのようなことであったに違いないと思います。そうしますれば、我々が和讃をあの節で読むということは、それはつまり聖人それ自身の声を聞くということになるのでありましょうか。

これは私の多年の要求でありますが、私は親鸞聖人の声を聞きたいという、そういう願いをもっております。今なら蓄音機とかテープというものがありますから、声の保存ということはできるのでしょうけれども、何せ昔のことでありますから、そういうことはできぬことですが、これが親鸞聖人の声でしたというようなものが、もしあの声明の上に感じられるものとすれば、そうすれば、とにかく真宗の音楽というものは、ある点まではその声明の調子を捨ててはならないということがあるように思うのであります。

全然うたえない私も、あの仏前の勤行の声を聞くというと、何ともいえない感激にうたれることがあります。今でも忘れませんが、私は、もう何十年か前になりますか、衣を脱いでおりました時が十五、六年ありました。その時に親父の法事を勤めまして、そして法中の人はみな声明には堪能な人びとであったからでもありましょうが、『正像末和讃《しょうぞうまつわさん》』をあげてくれました。それを聞いて何ともいえない感激にうたれました。いろいろのお説教を聞くよりも、本当に心からなる喜びをもって和讃の声明を聞いた方が、数等《すうとう》人間を感化するものであるなと思うておるのであります。

しかしながら、それではいつでもそうであるかというと、これはまた困ったものでありまして、そのおつとめをする人によって、相当に練習しておられる方であっても、何かこう感じのこないこともあります。そうしますと、こちらの方の聞く耳というものもありますけれども、また歌い手の感じというものが非常に重要なものであって、うたう人がありがたい気持ちでうたえば、聞く方もおのずからそれが移る。そうでもなくただ節にだけ気配りしておるというと、こちらの方にはそれが移らんというようなこともあるように思うのであります。こういたしますと、私らのような古い人間になりますと、あの昔の声明というものを本当にありがたくうたえれば、それでもう十分のように思えるのであります。

しかしながら和讃の声明というものも、これでなくてはならないという、そういうことから出てきたものではなくして、宗教的な音楽であるならば、仏教的な音楽であるならば、この楽譜ならば大抵、間に合うというふうなものであったのかも知れません。どうもそうらしいのであります。もしそうとしますればどうあってもこれでなくてはならないというものがあり、それが現代的な作曲となってですね、聖人の和讃はこの曲でなくてはならんのだというようなものがもっと別に考えられるかどうかと。

そしてこれからあなたたちによって音楽ということが考えられるとすれば、まずそれを問題としてほしいのであります。曲と申しましても時代によって変わるそうですな。悲しみをうたうのでも昔は調べの長いのが悲しみをあらわしたのが、近頃は短い方が、ということもあるそうですな。そういうような音楽の科学と音楽の真理が相まっていくということになれば、本当に親鸞の精神、宗祖のお気持ちというものをあらわせるというようなものがあるのであろうか。そしてそういうものが見出された時にはじめて新声明とか、あるいは仏教音楽というものが成り立つのでないであろうか、と思うのであります。

本願の音声

これは随分、想像をたくましくするようなことをいいますけれど、祖師親鸞には相当に音感というものがあったのではないかと思います。その和讃は昔の声明でうたわれたのでありましょうけれど、音感というものがあって、その音の感覚というものがお聖教をお読みになりましても、その経文の底にある音感というようなものがわかっておられたのではないであろうか。宗祖は音楽家であったとは申しませんけれども、音感だけは鋭敏であったというようなことは考えられないであろうか。

と申しますのは、音声というものが物の本体であるということ。まあそうでしょうな。物あれば必ず動く。動けば必ず音がある。だから音こそ物の本体でありましょう。『華厳経《けごんぎょう》』にも、世界の本体は音であるというてあります。ですから、ここに金属があって、この金属が本当の金であるか、あるいは金色であるか。ゴールドであるかゴールデンであるかということは、たたけば音がある、その音でわかるというようなことでしょうかね。

その音というものが本体であるという立場から、『華厳経』には、仏の国は本願の音声をもって体とす、ということが随分広く説いてあります。そこでは本願の言葉を体とすといわないで、本願の音声が仏国の体である、とこういうてあります。そうしますと本願に音声があるに違いない。その本願の音声というもの、それがその国、その仏国の体であるとこういうていいのでありましょう。

その本願の音声というものも、本願の言葉を離れてはないに違いないでしょうけれども、その本願の言葉にともなうところの音声というものを聞かれた。それでなければ『教行信証』というものもできるはずがないんだということも申してみたいのであります。そういたしまして、私の第二の話題に移りたいと思います。

二　音楽の世界としての浄土

如来の八音

しからばその仏教の音声、仏教的な音声というものはどういうものであるか。ここで第二の項目は「音楽の世界としての浄土」ということにいたしましょう。浄土を音楽の世界として考えてみたいのであります。和讃の声明というものは浄土の音楽を映したものだ、ということを聞いております。それで、いろいろのお経を広く見ないとわかりませんが、近いところ『大無《だいむ》量寿経《りょうじゅきょう》（大経）』であります。『大経』は浄土を音楽の世界として説いたものであるということは、その心ある人によってしばしばいわれておることであります。そうなんでしょうな。『大経』を開いて、そして音楽に関することを拾い出しますというと、なるほど多いことであります。

浄土といいますと、今日、浄土があるとかないとかいいまするが、しかし浄土教に説いてあります浄土というものは、ことに樹林ですね。それと流水であります。いわゆる梢《こずえ》ふく風と、水の流れのささやきというもの、それが浄土を表現しているのであります。それで『大経』におきましては、その樹木の梢をわたるところの声が音楽であるといってあります。その声が我々の耳に楽しく喜びを与えれば、音声即音楽なんでしょう。その音楽ということで、ことに七宝《しっぽう》の樹林というものがある。また池を流れるところの水があるのであります。

ところで、その梢をわたるところの樹林の音が音楽であるという、その音楽というものはどんな性格のものであるか。それが私たちの読んでおります『大経』ではちょっとわかりにくいのでありまするが、近頃中村元《なかむらはじめ》氏、あの人によって梵本から日本語に訳されており、また岩《いわ》本裕《もとゆたか》という人の翻訳が出ております。それを読んでみますというと、『大経』では七宝講堂道《しっぽうこうどうどう》場樹《じょうじゅ》ですね。あの七宝講堂道場樹の道場樹の中から音楽が聞こえる。その音楽の形容がしてあるんです。その形容で思いあたることは八音《はっとん》ということであります。八音ということが『大経』の下巻にありまして「八音《はっとん》妙響《みょうこう》を暢《の》ぶ」と、仏の声は八音であるということであります。それを我々の声はただ一つであるけれども仏の声は八通りあるのだ、というように思っておったのですが、そうでないのでありまして、仏の声には八つの性格があるということであります。その八音ということを明らかにしたいというのが、今日あなたたちに対して仏教の音楽という題でお話する気になった動機なのであります。しかるに辞書でひいてみますというと、その八音のことを説いてありますのは、『梵摩渝経《ぼんまゆきょう》』というお経。それから論書では『大毘婆沙論《だいびばしゃろん》』。その『大毘婆沙論』巻一七七にはこういうてあります。

仏は喉蔵《こうぞう》中に於《おい》て妙《みょう》の大種《だいしゅ》あり、能《よ》く悦意《えつい》和雅《わげ》の梵音《ぼんのん》を発《はっ》すること羯羅頻迦《からびんか》鳥の如《ごと》く、及び深遠雷震《じんのんらいしん》の声を発すこと、帝釈《たいしゃく》の鼓の如し。是の如き音声は八功徳を具《ぐ》す。

つまり仏の音声には八つの徳があるということであります。その八つの徳というものの並び方が、先ほど申しました『梵摩渝経』と、それから『大毘婆沙論』とでは違うのですが、今、『大毘婆沙論』巻一七七によりまするとと、

一には深遠《じんのん》、二には和雅《わげ》、三には分明《ぶんみょう》、四には悦耳《えつじ》、五には入心《にゅうしん》、六には発喜《ほっき》、七には易了《いりょう》、八には無厭《むえん》。

とこういってあります。深遠、和雅、分明、悦耳、入心、発喜、易了、無厭とあります。『梵

摩渝経』の方では、最好《さいこう》、易了《いりょう》、濡軟《にゅうなん》、和調《わちょう》、尊慧《そんね》、不誤《ふご》、深妙《じんみょう》、不女《ふにょ》、とこういうてあります。

これだけのことしか考えていく種がないのでありますが、しかし私はこの八つをですね。何とか音楽の立場から明らかにすることはできないものかといろいろ考えてみたのですけれども、何せ自分でうたえないのですからよくわからない。それに現代の翻訳では八つでなく十二にもなっております。

それによりますれば、浄土の宝樹から出てくるところの風の音は、深みを帯び、聴取し識別しやすく、清らかで、耳に快く、心をいやし、愛らしく、甘美で、魅力的であり、気持ちよく、耳に逆らわず、不思議なほど静かであり、無心であると。そして、それは「仏陀の言葉の如く」と記されてあります。そうしますと浄土における宝樹の音声というものは仏様の声と同じことである。浄土においての音楽は仏の声と同じことであるということであります。けれどもこういうふうにいろいろ並べられると、八音と決める必要もないことになります。

ところが中国の嘉祥《かじょう》（吉蔵）という人は、仏智八音をこう訳しております。響、徹、清、柔、哀、高、和、雅と、こうなっております。これは八音を一字にしてありますのが何か分別できそうな気がするのであります。嘉祥がそういうふうにいってくれたおかげで『大経』にもそう説いてあったのだということに気がつきました。それは、『大経』の道場樹のところに、

「清揚哀亮微妙和雅《しょうようあいりょうみみょうわげ》（清揚哀亮にして微妙和雅なり）」という言葉があります。あれを一つ一つとってみると八つになるんです。

それで『大経』を解釈した義寂《ぎじゃく》という人がですね、『無量寿述義記』において、それを一つ一つにとって、清とはこういうこと、揚とはこういうこと、亮とはこういうことと、一つ一つ注釈しておりますからして、だから『大経』の注釈者が「清揚哀亮微妙和雅」という言葉で、仏の八音というものをあらわし、そして浄土の音楽というものの性格をあらわそうとしておったに違いないというようなことがわかりました。何でもないことのようですけれども、私には非常に愉快なことです。

清揚哀亮

そうしますと、八つの音声は要するに四対になるんです。第一は「清揚」です。揚という字はアゲルという字が書いてありまするが、ある経本では暢《のべる》、清暢《しょうちょう》となっております。しかし、もう一つは徹でしょう。清徹《しょうてつ》、「耳根《にこん》清徹にして」（『大無量寿経』）という、清徹という性格が、どの音楽でもそうでしょうが、仏教の音楽として要求することは、とくに清徹ということである。澄んでおらなければならない。それによって、音楽を聴いて心が濁るということなどない、清らかな感じを与える。

そして徹《とお》っておらなければならない。澄んでどこまでも聞こえるという清徹ということが、すべての音楽に要求されることかどうかわかりませんが、とにかく仏教の音楽としては、清徹というそういう性格がまず必要であります。あるいは科学的にいえば、音波の長短とか、音波の強弱とかいうようなことに関係あることでしょうか。ともあれ清徹ということが非常に大事なことでありまして、浄土の音楽を聞けばそれによりて、耳根清徹ということが出てくるのであります。

その次には「哀亮」です。哀という字はアワレという字でありまして、昔の講者など哀れなどという字はちょっといやだったのかも知れません。哀れっぽいなんていうことは浄土にはないことである。だから哀れというても、人情的に哀れっぽいということではないということを随分苦労しておられます。けれどもおそらく仏教の音楽としては哀という字が案外非常に大事なのではないかと思うのであります。

亮という字は、ホガラカという字でありますからして、ちょうど哀と別なようでありますけれど、しかし哀というのは悲哀であります。悲しみであります。どこかにこう人間生活の悲しみというようなものを感じさせる、そういうようなものでなければならんということをいうていいのではないかと思います。

現代人において最も欠けておるものは悲しみということでないでしょうか。これは心理学の問題でもありましょうが、人間の感情にはいろいろな層がありまして、その感情の層によって、あるいはただ感情と、あるいは情念とあらわしておるものもあるし、それから情緒纏綿《てんめん》というふうに、情緒というふうな言葉であらわすものもあります。しかしもう一つ奥底に情操というものがあり、宗教的情操というようなことをいいます。その宗教的な情操、宗教的な感じというものの中には悲しみがありましょう。

まあ悲しみということは情緒的にもあるのでありまするが、しかし人間生活の悲しみ、ことに浄土を願うという気持ちの中には、悲哀というようなものがあるのでないであろうか。これは私自身の経験を述べるようでありますけれども、人生における悲しみを知らん限りは、本当に信心の喜びというようなものもわからないのではないかと思います。

ですから、何かこう哀という文字であらわされるようなものがあるところに仏教があるのである。しかしそれでいて亮であって、悲しみによって歎きに沈むのではない、というところに亮があるのであります。それがつまり仏教の性格であると考えていいのではないか。そうしますと、哀亮の二つは人間の心にしみ入るところの、すなわち慈悲の性格をあらわすものでしょう。こうして仏教の音楽には慈悲の性格がなければならないと思います。だから哀亮とは、仏教音楽はそれを聞くことによって仏の慈悲を感ぜしめ、それによりて心が開けて亮となるようなものでなくてはならない、というようなことがいえるのではないかと思います。

微妙和雅

その次は「微妙」です。微妙和雅としてありますが、その微妙は、これは甚深微妙ということで、義寂はこう説明しております。その音微密《みみつ》にして梵響《ぼんこう》の如し。天の声のようであるということで、仏智八音の方からでもわかることなんですが、それは何か尊い感じを与える。結論を先に申せば、音声に涅槃《ねはん》性がある。静かに落ち着きを与えるところの、そういう微にして妙なるところの音声があるという。微妙の二つは仏教の音楽の涅槃性、いいかえれば、仏教の音楽というものは、その音によって仏の慈悲を感ぜしめる。そして慈悲を感ずることによって、我々の乱れる心を涅槃に導くというような、そういうふうな性格のものでなくてはならない。

最後に、「和雅」の二つ。これはまあ和は柔軟な感じを与えるもの。雅はそれでいて調うている。調と曲ということがありますが、和は曲ですか、その音曲によりて柔らげられる。しかしそこにおのずから調《しらべ》があって、そしてそこに雅《みやび》やかさを与えるという。そういうことで和雅という言葉が用いられております。こういたしますと、清揚哀亮微妙和雅という、そういう言葉によって、私は仏教の音楽というものの性格をあらわしたものであると、こういってよいと思うのであります。したがって、その声を聞けば我々の煩悩の心が柔らげられ、そして心を涅槃へと落ち着かせるというふうなはたらきをもつものが、仏教的な音楽であるといってよいのではなかろうか、とこんなふうに思うのであります。

水流の音声

ところでもう一つあります。もう一つ『大経』には水の流れが音楽的であるということがあります。これは昔から「声作仏事《しょうさぶつじ》（声、仏事を作す）」（『華厳経』）と申しまして、声が仏事をなすということであります。『大経』では、仏の声《みこえ》、法の声、僧の声、寂静の声、空無我《むが》の声、大慈悲の声、波羅蜜《はらみつ》の声、十力無畏不共法《じゅうりきむいふぐほう》の声、諸通慧《しょつうえ》の声、無所作《むしょさ》の声、不起滅《ふきめつ》の声、無《む》生忍《しょうにん》の声、甘露灌頂《かんろかんじょう》、衆妙法《しゅみょうほう》の声と、こう十三ならべてあります。この十三につきましてもいろいろ考えてみたいことがあるのであります。これが『大経』では声になっております。

ところが現代の訳では、言葉になっておるのがあります。仏の言葉、僧の言葉というふうに、しかし別の方の訳ではやはり声になっております。そしてその声は、今の翻訳ではすべて浄土の川になっております。ところが『大経』では池になっていますね。これは池にしましても、その池を流れるところの川、川ぞいの音が、その音の性格が大悲の声、空無我の声であって、何も声をあげて説教するわけではないのでしょう。ですからそこにも音楽としての浄土があるのであります。

これはまあ雑談を申しますけれども、昔、井上円了《いのうええんりょう》という方があって、そして哲学堂というものを建てられた。そこへしばらく行ったことがあります。そこへ行くと、唯物の丘というて、物という字を書いて芝を植えてみたり、唯心の池というので心という字に池が造られていました。しかし何かどうもしっくりしなかったのですが、ただ一つ印象に残ったのは、あそこを流れている川であります。その川の音というものは、いかにも音楽的であって、それを聞くと寂《しず》かな感じがいたしました。そこでこれが一番哲学的だと思うたことがございますが、そういうようなことで、まあ浄土の音楽はそういうような性格をもっておるんだというようなことでしょう。

したがってその十三の音楽、音声をみましても、帰するところは大悲の音楽ということと、それから寂静《じゃくじょう》の声ということであります。そしてその慈悲はどこまでも煩悩の心の中にしみ入り、涅槃はそれをさそうて、そうして一つの落ち着きを与えるのであります。それと、ものは違うかも知らんけれども、戦争が終わった時、人心が動乱しておった。その動乱していた時に、寺々で梵鐘を復活した。その梵鐘の声を聞いて、動乱していた田舎の人びとの心がおさまった、ということを聞いております。

どこもかしこも動乱しておった人びとの心が、梵鐘の声を聞いておさまったということでありまするが、その梵鐘の音というものが乱れている煩悩の心にしみこんで、その心を煩悩と一緒にさそいながら、煩悩をおさめて静かな涅槃寂静の世界へと導くと。そういうふうな性格をもったもの、それがすなわち浄土である。浄土はすなわち音楽の世界である。

だから浄土の音楽を聞けば、この世の悩みも救われるという、そういうふうな性格をもったものであれかしと願うのでありますが、しかしこれから真宗の教え、仏教というものを本当に徹底するために音楽というものが必要であるとするならば、まだ他に要求を満たさなければならないものがあるであろうか。それとも先ほど申しましたように、今までとは別な曲によって、もう一つ現代的に慈悲と涅槃というものをあらわすところの道があるのであろうか、ということを問題にしてほしいのであります。

これで話そうと思うことは済んだのですが、もう二つほど話してみたいことがあるのです。しばらく休憩をいたしまして。

三　楽器について

時計がストップしておりまして時間をとりました。この後、お話したいと思っておりますことを簡単に申します。第三にいうてみたいと思いましたことは楽器のことであります。音楽というものは本来は歌ですから、いわゆる声楽ですか。それには独唱と合唱というものがある。声には個性があるということであって、その個性を生かすという点からいえば独唱というものが非常に意味があるんでしょうが、しかしその独唱が聞く人にとくにいい感じを与えるということがあれば、それは特殊的なものの背後には普遍なるものがあるということでありましょう。特殊なものと普遍なものとは裏表であって、普遍性ということがなければ特殊性ということも成り立たないと。その特殊と普遍ということが真宗の教えを領解する上でことに大事な問題となっておるのであります。そしてそれが音楽の上においても問題になるように思うのであります。

合唱ができるということは、そのめいめいの音声の個性を消さなければならないであろうか。それとも大勢して合唱せらるる、その人びとの声が個性的であっても、合唱が可能であろうかということには、個性をつつむ普遍性というものがあるに違いない。ただ楽譜というものがあるからその譜に合わせてうたうということであれば、音楽もまた一般化してしまって本当の普遍的意義というものがなくなるのではないであろうか。そこに独唱と合唱ということについての大きな問題があると思うのであります。

それと同時に楽器の問題ですが、それには管弦というものがあります。私たちはそう習うてきました。管は笛、尺八などでありますが、ことに私は笛に親しみがあります。親父が法事の音楽をやりましたので篳篥《ひちりき》や横笛の音を聞きました。それがなつかしいのであるかも知れません。しかし管になつかしみを感じるということは、そういう個人的なものでなくて、もう少し何か、何かあるのでないでしょうかな。先ほども申しましたように、ことに管に属するものは歌詞がなくてもよいのでありましょう。そうとすれば音楽として聞かせるのは楽器の中で管に属するものだけでないかと思うのであります。命の息を吹きこんでですね。

それで笛に関する書物なども読んだことがありますが、私の思うておるようなことも書いてあります。楽器の中での笛の特殊性が説かれています。昔、藤原保昌《ふじわらやすまさ》という人があって笛を上手に吹いた。ところがある時、笛を吹きながらどこか歩いておりましたら、後から袴垂《はかまだれ》とかいう泥棒がそれを殺そうと思ってついていったんであるが、とうとう殺す隙がなくて、すっかり笛の音に感化されてしまった。これがもし保昌が三味線でもひいておったならばどうだったろう、というようなことが書いてあります。

何かそういったものがある。笛で思い出の多いのは昔、もう三十年も前に「慧春尼《えしゅんに》」という芝居をみたことがあります。恋に破れて禅寺に入り尼さんになった。その恋の相手である若者が後を追うてその禅寺へくる。そしてそこで済度されるのですが、その時に和尚さんが与えた公案ですが、今も耳の底に残っておる。「汝ただ座禅せよ。ゆめゆめさとりを得んと思うなかれ。さとりを得んと思わば、かえって魔障にあわん」と。うまいことをいうなと思いました。

これを真宗でいうと「汝ただ聴聞せよ。ゆめゆめ信心を得んと思うことなかれ、信心を得んと欲すれば、かえって邪道におちる」ということになるでしょう。まあ実際こういうことをいっては悪いかも知れませんけれども、ただ信心得たい、信心得たいといっていることは、一つの欲望になるためにかえって信心にそむくことになることが多いのです。そういう欲を捨てただ聴聞するのです。聴聞すればおのずから聞こえてくるものがある。それが信心であります。今の若者はその公案を解こうとしているうちに、どことはなしに遠い所から笛の音が聞こえてくる。その笛の音で、今の若者がすっかり済度されるのであります。

世阿弥《ぜあみ》の十六部集のどこかにありましたが、能狂言においても笛の役割というものはことに重大であることが説かれてあります。だからやっぱり笛というものが、まことに宗教的でもあり仏教的でもあり、そして先ほど申しましたように、その慈悲の心を涅槃にさそうというような性格をもっておるのでないであろうかと思います。

そこに行くと弦はどうですか。弦は糸で、琴とか三味線ということになりますと、管にあって与えられるようなものを感ずることができません。そして弦の場合には歌もあるんですから。しかし雅楽とかいうものになるとやはり管の方が主となっておるのでないでしょうかな。ところが今日では管でも弦でもなくて、オルガンとかピアノという、こういうものが楽器ということになっております。そしてその楽器というものが代表的なものになっておるのですが、その楽器というものに仏教的な音楽を出させるということになると随分大きな問題があって、そこには相当に困難なものを突き破らんならんようなものがあるのでないでしょうかな。

ピアノは原則さえわかれば機械的にやれるということを聞いたことがありますが、向こうの方はみな科学的でありますから、科学的に行くということになると、仏教の音楽も科学的に研究していかなければならんのでしょうが、そこに与えられておる問題がある、ということを思うのであります。ともかくもいわゆる機械的な楽器では、オルガンやピアノではどうしても仏教的なものが出せません、というた人があります。けど、そういうとったのではじまらない。新声明の会の時にも、何とかという楽器があって、その楽器が一番合うんだけれども、というようなことを聞きました。そうすれば仏教の音楽には、仏教の音楽相当の楽器というのも考え出されるのであろうか。私は、老人的な感覚では、どこかに管によって与えられた感銘を与えるようなものが欲しいと思うのであります。

それから、付けたしでありますが、音楽には何か音楽の背景というようなものがありまして、今日ではことに踊るということ。あれは正直のところ私は好かんのです。音楽をやる人は音楽だけやってくれればいいのですが、近頃、音楽家がみな踊りだしています。あれがどうも……。踊らないで音楽だけ聞かしてくれればいい。できれば姿も見せないで声だけ聞かせてくれればいいと、こういうふうに思います。だから音楽だけはテレビよりはラジオの方がいいというようなものもあるのですが、これは一体どういうもんでしょうか。

これもどこかに間違いがあるのでしょうか。だから合唱団でもみな列をつくって、その列も楽譜の順でないかと思うほど、背の高さなども規則正しくやってありますし、服装などもみな同じ、ああいうようなことも必要なんでありましょう。けれどもできれば何も見せないでやってほしいのであります。姿を見せない合唱を聞いたことがありますが、その時の感じは忘れられないのであります。何か遠い所でとにかく合唱しておる。けれども姿は見えない。ただ音楽だけ。音楽は音楽だけ聞かせるというようなことがあってほしいのですが、近頃はみな踊りだすんです。あれは踊りをやめてもらえんものかな。

これはかつて三味線を習うた人から聞いた苦心談であります。三味線というものは踊りに合わせていかんならんもので、三味線にあわせて踊れということはないということです。まあそこに音楽というものの立場があるのでしょう。

いかにも踊りに合わせた三味線をひくということになると、そうすると踊りの方が主になって、そして音楽の方はそれに従っていかんならんのでありますが、その場合の従うということ、その従うということの上に大きなる意味がありまして、いかなるものにも従いながら、それをよく見せる。下手な踊りでも音楽がいいためにいい踊りであると感じさせる。歌詞は大した歌詞じゃないけれども音楽によってよい感じを与える、というふうなところに宗教的というようなものがあるのでないであろうか、というようなことを思います。これは雑談として話したいと思っておったことです。それから第四へ移りましょう。

四　音楽道

第四は、音楽としての修行であります。音楽家も修行を要するものであるということであります。これはまあ、どういたしましょうね、いろいろ聞いたこと覚えたことを五つ六つ並べてみることにいたしましょう。

第一は天分たのむべからずということであります。これはある人のことなのですが、非常に声が美しい。その人が謡曲などを一人でやられると、非常に美しく聞きほれるんだそうであります。ところがある音楽の大家がそれを聞いて、こう声がきれいでは名人になれません、というたということです。これはどういうことでしょうね。天分としてよい声をもっている。しかしそう声がよすぎては名人になれないそうであります。世阿弥の能の本などを見てもそういうことをいうてありますね。若い時にみなにほめられる、そうして天才だなんていわれる人はよほど注意しなければならんということでありますから、天分をたのんではならない。

だからそれを逆に申しますと、歌が不得手だからといって悲しむべからずということがありうる。生まれながら声はだめなんだからと思うてはならん。だから私のような生まれながらだめな人間でも、修行すればひとかどの音楽家になれたのかもわからない。これは冗談ではありません。ある音楽家が私にそういいました。その声は修行するとよかったのですがなと。いささか残念な気もしますけれども、そういうことがあるということを私は他の例で知っておるんです。

それは私、綴方《つづりかた》、作文ですね。あれがどうしても及第点がとれないのでだめだったんです。筆という題がでれば、竹と毛でつくり字を書くに用いる道具なり、そんな程度しか書けなかったんです。それが中学四年の時でしたか発憤しましてね、これじゃいかん、書くことを覚えんならんということで、自分の考えを発表するための綴方の苦労を随分いたしました。

そんな話をすると何か自慢話をするようになりますけれども、十分というわけにはいきませんけれども、自分の思うことだけははっきりと書きうるようになったんですから、音楽の方もそうだったのかなと時々思い出すのです。しかし私たちの生い立ちの時分には、音楽というものはやらなければならんもののようには考えられておりませんでした。ですから私のような者は別といたしまして、まずいからといって悲観する必要はないし、声がいいからといってたのんではならない。要するに修行であるということがまず一ついえるのであります。

それから第二にいっておきたいことは、小成《しょうせい》に安《やす》んじてはならないということであります。これは皆さんご承知の話でしょうが、有名な話です。観世が弟子をつれて散歩し、高砂やをうとうたことがある。そうするとどこからともなく、「高砂や……」という声が聞こえてきた。すると観世が弟子に、「あの声やめさせてみようか」といったら「そんなことできますか」、

「ああできる。何でもない」ということで、観世もまた「高砂や……」と、うとうたらぴたりとやんでしまった。

それからしばらく散歩をつづけていますとまた「高砂や……」が聞こえてきた。「師匠、あれも一つやめさせてください」、「いやだめだ。あれはだめだ。あれはやめない」、「でも」ということで、観世がやってみたけれども結局やめなかった。「どういうわけですか」と弟子が聞いたら、「前のは謡《うたい》の心がけがある。だから自分よりすぐれたものがあれば聞かねばならんという気持ちになる。それだけ相当に修行しておるものに違いない。後のは、やりはじめたばかりであって、それがわからぬのだ」ということであった。

やりはじめの得意さ。それはとくに謡にあってやりはじめると、すぐ他人にもうたわせたくなるもんだそうですな。だから自分もうたいさえすればひとかどのものと思うて、自分よりすぐれた名人がうとうておっても聞こうともしない。何かいやなことでありますね。ですから小成に安んじてはならんということがはっきりいえるのでありましょう。

したがって、それは自分よりすぐれたものを師としてもたなければならない。師をおそれるということが一つの修行であります。しかしそれと同時に素人をおそれなくてはならない。これは何か違うかも知れませんが、京都に京舞の名人があります。その名は今ちょっと思い出せませんが、その方の京舞というものを見たいと思うていましたが、その機会はなかった。それを一度テレビで見たことがあります。

その時に司会者ですが、あなたはご自身の舞を自分でご覧になりましてどうお思いになりますかというたら、彼女はこういう返事であります。これはどうかなあ、と思う点はあるけれども、何せ師匠がおらなくなりましたので、それを手直しすることはできないことが悲しい、ということでした。しからばその時どうなさるんですか、と重ねて問うた時に、彼女はこう答えるのです。だって見る人があるんですから、と。その見る人があるということは、下手でも見てくれる人があるからという響きではなかったのです、私の耳にはね。見る人がおそろしいということであります。

見る人がこわいという感じが師匠に対するものと同じように聞えたのです。上に向っては師匠がないことの寂しさがあるんでしょうが、下に向っては聞く人があるということがおそろしいんだということ。それが修行だと私は思うのであります。どうせ聞く人は素人なんだから何でもうたっておけというようなことではなく、私のようなものでも音楽がわかるのだから、やっぱり金子にも感心させるようにうたってもらわんと。そういうふうなものがあると思うのであります。

それと連関的には違うかも知れませんけれども、私の知りあいで、もう亡くなられましたある方がおりまして、音楽学校を出た人です。彼女はこういうことをいいます。先生方の話を聞くと五分間聞けば、本当に自分のものになっている話をしていらっしゃるのか、どっかの本を見て口まねをしていらっしゃるのかわかるっていいました。こんな人ばかりだと話もできませんな。

けれどおそらくそうでしょうね。声を聞けば、その声を聞けば、本当に自分が心から喜んで話してらっしゃるのか、どっかの本を見てありがたそうに話しておられるのか、私にはわかります。だから五分間聞くというと場合によると逃げ出したくなりますというた人があります。それはまあそういう専門家だけの耳じゃなくして、やはり一般に素人にもそういう耳がある。大衆ほどあざむきやすいものもないかも知らんけれども、また大衆ほどあざむきにくいものもないということ、それがまことに大事なことでないかと思うのであります。

さて第三にいいたいことは、音楽家はことに道徳的であることが非常に大事なことであるということであります。これもテレビでありましたかなあ、のど自慢かなんか聞いておった時でした。仲間同志でひょっとこういう批評が出た。その時に妙なことをいうものだと思ったことはですね、その音楽の声を聞いて、「いい声で歌われますなあ、ああいう声は平生よいことをし、よいことを考えている人でないとああいう声は出ないものです」というのでした。それは私忘れることができないのであります。

そういわれればね、今日は運転手も酔っぱらっていてはできないのが道徳である。だから音楽を習おうとするものは音楽家の戒律というようなものがあってですね、音楽するものは大酒飲むべからずということもあっていいんでしょうし、平生から万事について心がけがよくなければならんということも大いにあるんでないでしょうかな。そういいますというと、そこに何かこう音楽をやるのには音楽的な修行というものがあるんでありまして……。

そうそう、話は横にそれるかも知れませんが、笛に関する書物を見た時にこんな話が書いてありました。明治時代に『楽道修身論』（神津仙三郎《こうづせんさぶろう》『音楽利害：一名楽道修身論』）というものが編集された。今日、修身というものは問題になっておりまして、どうしたならば不良児とか非行少年というものをなくすることができるかということが、論じられておるんでありますが、その『楽道修身論』で、音楽というものそれが修身になる。いやといえぬことでないかと思いますな。

編集者の名前は忘れましたが、その中にはある外国人の書いた「音楽衛生論」というようなものも入っているのであります。これは音楽によって病気を治したという例が一つ二つあがっているのであります。これは私、前からそう思っておったことなんでありまして、音楽で病気を治すということが必ずできなければならんはずであると思う。

先ほどは『華厳経』の話をしたのでありまするが、実は故人となられた佐々木月樵《げっしょう》さんが、『華厳経』を読むのには音楽を知らないとわからないと、いわれたことがあります。私は『華厳経』を学校で研究したのですから、音楽を知らないといわれたのがちょっとこたえまして、それで音楽の書物をいろいろ読んだのであります。ところがその『華厳経』には音楽で病気を治すということがあってよさそうなものだけれども、ありません。

香で病気を治すことははっきり書いてあります。いろいろの香をたくことによって、この香をたけばこの病気が治るというようなこと。香道というものに着眼してあるのでありますが、それと同じように音楽道というものをもわかっておったんでしょうが、お経には書けなかったのかもわかりません。それはちょっと物足りなく思うのであります。色でもって病気を治すということも無論あるでしょうね。この病気には赤い色がいい、この病気には白い色がいいというようなことが。香で病気を治すということがあれば、この病いにはこの音楽を聞かしてもらえばというように……。そうしますと胃潰瘍にはこの音楽、初期の癌にはこの音楽というようなことができないものかね。

そういうようなことがあってですね。それを間違えると音楽亡国論が出てきまして、音楽を間違ったためにその国が亡びたというようなことも出てくる。そうなりますと真宗を興すのも、今日の時代において真宗を盛んにするのも、また真宗という宗旨はやっぱりだめな宗旨だといわせるのも、要するにあなたたちが音楽というものを……。結局、だから音楽ということもそこまで研究されてくると、こういうふうに思うのであります。

音楽はただ音楽でなくして、音楽は道徳につながる。そしてやがて信仰につながり、真に信心よろこぶその人の音楽はおのずからありがたい。ありがたく聞かせるということは音楽そのものの性格の上にもあるのであろうが、うたう人の気持ちというものがそれにあらわれるのであるという点において、そこに道徳的修行というものも必要なのである。さてその道徳的修行ということにつながることなんでしょうが、結局、自分が聞いてありがたいというところ、音楽も結局は自分に聞かせるものというところに落ち着くのでないであろうか。

もちろん音楽のよさはいわゆる他化自在で、うたうものだけでなく聞くものがそれによって動かされ感激を与えられるというところに、他の芸術では見られぬほどの何か特徴があるに違いないと思いますけれども、それにいたしましても結局はまた自分の耳に聞いて、そして心よいものであるならば、そしてありがたいものならばありがたい音楽に違いないし、気持ちのよいものならば気持ちのよいものに違いないと思うのであります。

この話をしますと私はいつでも思い出すのでありますが、今は故人となられましたが岐阜に謡を一生稽古した人がありまして、その人からいろいろおもしろい話を聞きました。そのうちの一つですが、自分は十何年も岐阜で謡をやってみた。だがどうしてもこれでいいという落ち着きをえることができないので、東京へ出て梅若万三郎師に会って、そしていろいろ教えてもらおうと思って東京へ行った。そして一週間自分にうたわせましたけれども、どこがいいとも悪いとも一言もいわれない。

で、私はこれは仕方ないと思うて、お暇しますというて辞して帰ろうとしたならば、梅若師がこういうことをいいました。あなたの節まわしはそれで充分です。これ以上のことは耳の修行をすることですといわれました。耳の修行、耳の修行ということだけ公案のようにさずけられて、それから以後、耳の修行ということをやっていますと。要するに耳の修行ということは自分が聞いてうたうものと同じ感じになれるかなれんかということなのでしょうね。そういう点に修行というものの奥の奥があるのでないでしょうか。

だから自分で聞いてありがたい話はありがたいに違いないし、自分で聞いて本当に落ち着く音楽はよい音楽に違いないというところにきまして、結局、音楽はまた音楽家を要求する。音楽もまた聞く耳と、それからうたう人との、その精神生活とが大きなはたらきをなすものであるということにおいて、修行が一番ということになりますと、私がこうやって話をする立場においての反省にもなるように思うのであります。要するに道は一つであるということを、こういうことにおいて考えることができるように思うのであります。

何かまとまりのないようなことを申したのですが、これで話したいと思うことを話すことができましたので……。お聞きとりありがとうございました。

（昭和四十四年十二月　『教化研究』第六十一号　仏教音楽指導者研修会講義）

教化の徳

――曽我量深先生追悼講演――

先生の宗門愛

今月十日に、大谷大学の学生の発起で曽我先生の追悼会がつとまり、私も先生の追憶を話させていただきました。

その節は、先生は真宗学者としての第一人者である、第一人者というものは追随を許さないものである、それをあえて私は先生に追随しようとしたが、それはできないことであった、できないところに私の道があったのである、というような意味のことをいろいろと話をいたしました。

何と申しましても、私は二十歳頃から、先生の知遇をかたじけのうしておるのでありまして、若い時分には、互いに相手を大兄とよんで兄弟のような親しみを感じ、後には先生と呼んで師弟愛というものも深く感じておるのであります。ですから話は当然、曽我先生と私ということになって、いろいろと話をさせていただきました結果、今までもそうであったのですが、これから、何年――何年というのは気長であります。幾月生きるか知れませんが、今までと別に変ったことがないにしましても、自分はこうして行かなければならんのだというようなことが、何かほぼ明らかになったようであります。

ですから、本日はそのことを申しあげて、皆様に聞いていただくのが本筋であろうかとも思うてみたのでありますが、まだ先生を見送っての寂しさといいましょうか、たよりなさというものがよくとれておりませんので、もう少し時間を与えていただきたい。そうして、こう私は行くよりほかなかったのであるということを、はっきりさせて行きたいと思うております。

それで、今日は伝道研修会の主催でありますから、ことに先生は伝道というものについて、どんなふうなお気持ちであったのであろうか……。これは私が話をするより、皆さんの方がもっとはっきりしておられるかも知れませんが、私なりに先生と知りあいになって、そして私などでは到底及ばないものがあった、そのことを話させていただきまして、そして皆さんのいくらかの参考になれかしと思うてまいった次第であります。

それで話したいことは、ただ一つなんですけれども、強いて申せば二つあります。一つは先生の宗門愛というものであります。宗門というものに対して深く愛情をもっておられたということであります。それをいろいろ数えあげることができますけれども、第一に、先生が講師になられた時の喜び、それは非常なお喜びでありました。私も後でいただいたのですけれども、どうも先生のように喜べなかったのですが、先生は、自分も香月院《こうがついん》とか円乗院《えんじょういん》とかといわれておる人びとのお仲間になったんだということを、何かそうしたことを子供のように喜ばれました。

それなら、その香月院とか円乗院という人を、それほど偉い方だと思うておられたかというと、そうでもない。あの調子ですから、「昔の講者は……」と。これは先生の性格でしたね。何か極端にこきおろされながら、そうかと思うと、そうでもない。自分が講師になった時には、香月院、円乗院と肩を並べるようになったんだという、矛盾といえば矛盾ですけれども、何かそこに先生独特の宗門愛というものがあったように思うのであります。

それからもう一つ想い出しますのは、安居《あんご》です。安居を先生は四回せられた。私も四回しました。私もはじめの一回二回くらいは、安居をつとめるということについて、感激をもっておりましたけれども、三回四回になると、またかというようなことで、本山の役員にもあまりいい顔をしなかったのです。ところが先生は四回とも喜んで、引き受けられました。そして安居をつとめるということは、これは宗門としての最高の学者でなければできないことである。そしてそれを自分がやるのである。これが学問の本式の場所である。大谷大学の講義もさることながら、これは講師でなくたってやれる。安居は講師でなければやれないものだという、そういう何かがありました。これは亡くなられるまで、そのお気持ちがあったようであります。

私も二十年ほど前までは、随分そういうことをやかましく論じたことがありますから、私にも相当あったのかも知れません。けれども、近頃は、どうなりと誰なりともなされば、という気持ちがあるのですが、先生はどうもそういかなかったようであります。安居をつとめる本講はこういうものでなくてはならんというようなことを、亡くなられるまで考えておられたようであります。

こういうようなところに、何か、今日は宗門というものはいかにあるべきかということが問題になっておるのであります。布教するとか、伝道するとかということになりますと、まずもって宗門のためにはたらく。宗門のためにはたらくということであるはずですから、宗門とは何ぞやということを、日頃皆さんもお考えになっておるでしょうし、またどうしても考えなければならんことでありましょう。

宗門感情

もう一つ宗門愛について、これは私と曽我先生との間の内緒話のようなものですけれども、まあお話しいたしましょう。私が、いわゆる異安心問題で追放されまして、それがとけて広島から帰り、再び大谷大学の教壇に立った頃であったと思います。ある人に先生と招かれまして、ごちそうをいただきながら、先生がふとこういうことをいわれました。

「ねえ、お互いに田舎におって、お寺の住職をして『阿弥陀経《あみだきょう》』を読んでおれば間違いがないのに、都会へ出て、いや真宗学だのなんだのと気の利いたことをいうていますが、畢竟妄念妄想でしょう。妄念妄想をしゃべって、そしてこんなことになったというのは、親たちの妄執もはたらいておるんだねえ。親たちの妄執で名利心にひっかかって、こんなことになってね」といわれました。しみじみいわれました。もちろんそれは私をなぐさめてくださった言葉であります。叱られた言葉とは考えておりません。

これは私の性格かも知れませんけれども。めったに叱られたと思わないのであります。ことに先生にいわれる場合には、どんなことでもなぐさめられたということで受け取るのであります。そうじゃありませんか、先生ほどに真宗を学んだ方が、その自分の考え方が妄念妄想だというようなことをいわれるはずはないのですけれども、そういうことがわが身にひきかけてということでありましょう。ですからこちらも頭が下がる、じっと考えさせられるのであります。しかし、それはただ私をなぐさめられたのでなくして、どこかに先生の本音というものもあったのであろうか……。

いつの頃でありましたか、私は郷里におり、先生も郷里におられました。その時分に寂しさということについて話し合うたことがあります。

「寂しい」

「私も寂しい」

先生も寂しいといわれました。けれども話してみるというと、先生の寂しさは、私の寂しいという感情内容と、どこか違うように感じられました。その時分から、先生は天才的な人だというようなことを思うておりましたので、「天才人の寂しさと凡人の寂しさ」ということを紙切れに書いておいたような記憶もあります。私の寂しさというものは、今から想像してみますと、たよりないということであったらしいのであります。たよりないといっても、親にたよりきっていたのでありますけれども、その親たちは、私は長男ですから、私をたよっております。親たちをたよると申しましても、その親たちもたよりない人間である。

お寺に生まれたものは、門徒があって、門徒をたよって生きて行けると申しますが、そういうお寺もあるかも知らんけれども、私のお寺はそういうふうにいかない。門徒をたよったところで生活していけるというわけでもない。どちらを向いても何かたよりがない。「たのむべきものなし」という言葉がありますが、そういうようなことで、寂しいということを先生に訴えたように思います。

けれども、先生の寂しさというものは、知るものがないという寂しさであったようでありま す。自分がいかに感じておるか、どういうことを思っておるのかという、自分の心持ちを本当に知ってくれる人がないという寂しさというものがあって、今はっきり思い出せませんけれども、とにかく二人で寂しさというものを語り合うた時に、寂しさにも性格の違いがあるものかなあということを感じたことがあります。

したがって、今の妄念妄想というような言葉でも、先生自身が自分のことを反省して、そして妄念妄想だといわれたということと、それから私が、〝浄土の観念〟とか何とかいうていることは、おまえのいうことも妄念妄想だということと、何か違っておったのかも知れません。しかし、私をなぐさめられただけでなく、先生自身もそう考えておられたのだといたしますと、そこに僧侶というものに与えられた一つの問題があるのであります。

西田幾多郎《にしだきたろう》氏の書かれたものをみると、真宗の僧侶は梵語だの哲学だのといわないで、お寺におって念仏申しておればよいのだということをいうておられます。西田先生という方はそういう人だったんですね。そういう意味において心をひきつけられます。若い時分にある書物を書いて、きわめて貧しい書物なんですけれども、西田先生に送りましたら、あの大家がお礼状をくださいました。そして、私たちはみんな、仏教の言葉でいえば業というか、哲学者なんていうものは、生のみどりの青草を食べないで、枯草を食べているようなものである。君たちは、純粋なみどりの草を食べていくべきである、というようなお手紙をいただいたことがあります。

そこで、また思い出しましたが、あるお寺の住職が非常にありがたい話をする。ある人がきて、「あなたはありがたい話をしますけれども、自分の妻ひとりを済度できないような人間がえらそうなことをいうたって……」というたら、「そういうな、わしは毎朝おつとめの後に『御文』を拝読する。妻は出てきて聞いておる。そうすると、蓮如上人の直接のご化導にさえ済度されないような人間が、わしの説教で間に合うはずがないではないか」と。何か手ばなしのようであるが、味があると私は思うのであります。

それで、私は大谷大学を追放されもしましたし、それからパージ（purge）で、昭和二十二（一九四七）年でしたか、その時は当然郷里へ帰るべきものであると、いつ郷里へ帰るのかとさえいうた人があるのです。そうすれば、お寺に生まれたものは、結局、お寺へ帰って、そうしてお寺を中心にしてはたらくべきものであるという、そこに一つの原則があるのでないであろうか。そうだとすると、私も違反者であるし、曽我先生も違反者である。

しかも両方とも郷里へ帰ることができんようにしかけをしてしまったのですから、帰りたくても帰ることができないことになっておるのですが――。我々宗教家としてのつとめは、どこぞでもいいのか、寺を忘れてもいいのか。それとも寺にはお同行というものがあるのだからして、その受持ちのお同行というものを本当に勧化するということが、寺に生まれたものの本筋であるのか、という問題を考えておいてもいいのでないでしょうか。

私も、今でもなぜ適当な時に郷里に帰って、そうして門徒の布教を専心にしないかといわれる。そういう声を聞けば頭が上がりません。これもおかしいことだといわれれば、おかしいことかも知れませんけれども、事実そうなのであります。だからして、中央へ出て、曽我・金子なんていわれても、曽我はとにかく、金子おまえ愚僧じゃないか。要するに、名利心より他にないのじゃないかといわれると、そうでないということをいいたいことは沢山あるのであります。

なぜなれば、私は郷里を離れて、そして大谷大学の教壇に立ったり、広島へ行ったりしなければ、本当に救われなかったでありましょう。自分のもっている根本問題というものは、本当に解決がつかなかったでしょう。だから自分の一生は、自分に道をつけしめる一生であったということにおいて、決して後悔もしませんし、何もそこに疑いを持たんのでありますけれども、それにもかかわらず、どうしてお寺がありながら、そのお寺の住職として、そして布教伝道しないのであるかといわれると、それ一つでも頭が上がらないようなものを感じるのであります。

これは何か宗門感情というものがあって、そういうふうな宗門感情というものが非常に大事なものなのであるか、それともそうでないのかということを、皆さんに考えていただきたいのであります。

教家としての先生

先生の宗門愛の話は終わりまして、もう一つ申しあげたいことは、教家としての先生であります。

私は清沢（満之）先生を思うと、禅宗でいう師家という言葉を思います。人の師となるもの、師家に対して弟子があるのでしょうね。先生は何かお書きになったものを見ましても、また先生のお教えを聞かれた人のお言葉を見ましても、師家というような感じがする。私は時々清沢先生のいわれることと、道元禅師のいわれることと、どこが違うのかとまどうことがあるのですが、それはおそらく師家であるという点においてどこか似通ったものがあるからでありましょう。

真宗の信心に専一の立場にあっても、師家があったところで、決してどうということはないのでありましょう。その意味において、私は自分のものの考え方というものが清沢先生から一歩も出ないといたしましても、先生から直接の薫陶を受けておらないということは、何か欠けているものを感じます。かつて先生と一緒に宗門改革の旗をあげられた、山形県の永井の法讃《ほうさん》寺に、井上豊忠《いのうえほうちゅう》という方がおられました。その方をたずねた時に、私は井上先生にその話をした。私は清沢先生から直接の薫陶を受けなかったということ、いいかえればお叱りを受けなかったということ、これが何か自分の性格の上に鍛えが足りないような感じがする。今は先生がおられないのであるから、清沢先生にかわって一つお叱りをこうむりたいものであると——。かなり生真面目なものでありましたが、豊忠さん、笑いながら、いろいろ話されたのが、結局ある意味においてはお叱りを受けたような感じもいたしたのであります。

そういう人たちによって、清沢先生は師家であるということ。それに対して、曽我先生は教家であるという言葉を使うてみたいのであります。もっとも宗の字をつければ、清沢先生も宗教家だし、私も宗教家だし、皆さんも宗教家であるわけで、かなり広くなるのです。けれども教家というと少し狭くなるのであります。宗門的にいうと、学者か布教師かということであります。

大体、私たちは、どっちの方に先生を見ておるのでしょうね。学者で講者で、第一人者としての宗教学者であるということを思いますけれども、先生自身は、学者といわれるより、案外、布教師といわれる方をお喜びになったのではないかと思うのであります。そういうような意味で、先生は教家であるということをいってみたいのであります。

さて、教家であるということの証明は、まず第一に、あの晩年になってもいたるところへ布教に出られました。この間も、三月でしたか、先生をお見舞いした時に、「先生、ちょっと私九州へ行ってきます」と、お暇をこうような気持ちで申したのですが、「ああそうか。それはいいなあ、いつ帰ってくるか」。「いや、一週間ばかりです」。「何だ、たった一週間か、二十日間も行ってくるかと思うた」ということでした。

先生なら、九州にでも行かれると、二十日間ぐらいは当然であって、どんなところへでも、ひとたび縁をむすんだところへは翌年もおいでになる。そして、どんな在家の宅へでも行って、話すことに喜びをもっておられた。いつやらいただきました葉書に、『浄土論《じょうどろん》』の言葉、「何《が》等世界無《とうせかいむ》　仏法功徳宝《ぶっぽうくどくほう》　我願皆往生《ががんかいおうじょう》　示仏法如仏《じぶっぽうにょぶつ》（何等の世界にか、仏法功徳の宝ましまさぬ。我、願わくはみな往生して、仏法を示すこと仏のごとくせんと）」、何のところにか仏法僧のないところがあるか、そんなところがあれば、自分は行ってそこで教化したい、という言葉があります。あの言葉を書かれた葉書をいただいたことがありますが、そういたしますというと、自分はどこへでも行って、そして仏法をひろめるのである、それが自分の役割であるということでありました。

私の八十八歳の米寿記念の時に、ご列席していただいたのでありますが、何か風邪をひかれまして、挨拶もしていただけない状態でありました。それでも翌日から九州へ行く約束があるからということで、行くつもりでおられたらしいのであります。周囲の人がそれは無理だということで、ようやくやめさせたということであります。そういうようなことで、少しでも体の状態がよければ、いたるところへ行って、招待があればどこへでも行って話をしようということでありました。それが私にはできないんですが……。それは何であるかということを、今日皆さんに話をするについても、いろいろ考えてみたのであります。

こういうことをいうことは、私もあまり好みませんけれども、私は大体、人がこわいのです。よくいえば畏敬ですが、こうやって皆さんに話をしておるのに、皆さんがこわいのです。勝手気ままにしゃべっていながら、こわいなんて、とおっしゃるかも知れませんけれども、話を聞いてもらう人がこわいのです。

ところが先生は、話を聞く人に非常に愛着をもち、親しみをもって、そしてどんな人でも自分の話を聞いてくれる人を忘れず、ひとたび顔を見れば、ああまた来たかというようなことで、両手をひろげて抱きこまんばかりの、ああいう情熱というものがあって、それがどんなところへ行っても、ひとたび縁をむすんだ人をお忘れにならないという、そういうことがあったようであります。

おそらくそこに――、今日は私を語らぬつもりでおったのですけれども、やっぱり話させていただきましょう。先生を思うて自分を思うというと、なるほどそこに話の違いがあるのかなあ……。

先生は、かつて私にこういうことをいわれた。「私はわかる話でなければしない。あなたはどうか」といわれて、「私はわかろうと思う話でなければいたしません」と。「そうか。田舎へ行って聞くとね、とにかく話を聞いて、一番よくわかるのは僕の話だそうだ。そのつぎ、金子さん、あんたの話だそうだ」と。こういわれました。それは反対ではないかと思うところもあるのですがね。他の人がいえば、そうでないでしょうといえますけれども、先生の口からもれるというと……。また、おそらくそういう面があるに違いない。それはそうでしょう。わかったことでなければ話をなさらんのですからね。先生には自分がわかることは人にもわかるという信念がある。だから壇に立って、これがわからんでどうするかという、あの調子というのは、本当にわかったことでなければ話さない。したがって、その情熱にふれる人は、お話ありがとう、というに違いないのであります。

けれども私は、わかろうと思うことしか話をしないのですから、こうだということはできない。近頃は相当にやる方ですけれども、大体はやれない人間です。こうでないでしょうかと、こわいからね、聞く人が――。だから聞く人が、うんそうだ、というてくれれば安心して諸仏の証明をえたような感じで、いやそうでないといわれれば、やっぱりだめだったかというようなことになるわけであります。そういう人間もあってよいように思いますがね。

とにかく、曽我先生にはそういう情熱があって、そして聞く人を愛するということがあるのであります。ところが聞く人を愛すると申しましても、ことにどういう人を愛せられたのであろうかと申しますと、あまり知識人とかインテリとかいうものではないようであります。私が郷里におりました時に、曽我先生のところへ行きましたところ、この人はよく私の話を聞いてくれるというて紹介してくださった中年の女性があります。相当にインテリであって曽我先生の話が本当にわかったのかも知れません。けれども、随分昔のことですから、そんなに知識人であると思いませんでした。曽我先生にしますというと、私の話がわかってくれるという人でありました。

一筋の学問

で、先生は何をわかってもらいたいのであったか、ということが問題になるのであります。鈴木（大拙《だいせつ》）先生が妙好人《みょうこうにん》に親しまれたあの気持ちを、想像してみると、この先生も学者ぎらいでした。かつて先生と二人で話をした時に、私の話を聞いて、「わしはあんたのような話はきらいだ。わしは概して真宗の学者の話はきらい。親鸞も『歎異抄《たんにしょう》』でやめておけば問題ないのに、『教行信証』なんぞを書くものだから、大谷大学も建てんならんし、異安心も出さんならん」といわれました。

これも私は、今ではなぐさめてくだされたのであると思うています。先生の心境もよくわかるのですが、しかし、それにもましてわかるのは、妙好人をとりあげられたということでありますます。理屈でない、何か素直に道を聞くというようなものが、ああいう大家になるとあるんでないかなあ。

そうしますと、曽我先生にも、何かそういうものがあったのでないかね。当時、私らの同窓で大谷大学を出た人でも、相当な秀才もありましたし、先進にも後進にも偉い人物がいたのでありますが、先生がその中から金子を選んで親しんで下されたのは、どこかに何かそんなものがあったのかも知れません。これは愚僧だけれども、私の話を聞いてくれるんだと。あまりかしこいと思われたわけでないんでしょうけれども、何かこれなら話を聞いてくれるということで、見込みをつけられたのであるのかなと、そんなふうにも、近頃思い出しては感激しておる次第であります。

しかしながら、そうはいいましても、第一人者といわれる真宗学者であります。ですから知識人も曽我先生のいわれることに耳を傾け、あるいは書かれたものに目をつけたに違いない。そして、それはことに哲学者としての思想的な生活をしておる人にままあったように思います。近頃は、知識人で、医学博士というような人が、随分曽我先生の説を紹介しておられるようであります。時によると、キリスト教の大家であって、先生の書かれたものを読んで、そして何かをそこから得ようとされるということがあるようであります。そこに、先生の表現の上に一つひかれるものがあります。

私らはいろいろのものを読んでみて、そして真宗も大いなる意味において、一つの宗教哲学であるというふうなことをいおうとするのですが、専門の哲学者になるというと、めずらしいことではない。何かいうと、まだそんなところをうろうろしているのかというようなものでしょうなあ。だから、そういう専門の思想家だとか、それからキリスト教の大家といわれる人になるというと、まあ私らのいうことなぞは、どうでもよいことになって、そして曽我先生のものを読んで行きたいということになる。そこに先生の何かがある。

それは一体、何であろうかというと、こういうことがあるのであります。何というても真宗学の第一人者であるということであります。そして、先生の学問は生涯をかけて、ただ一筋に真宗学であったということであります。

先生の学問を思うと、当然唯識《ゆいしき》を思います。華厳《けごん》だの天台《てんだい》だのということについて論じられた文章がありますけれども、決して取り入れてはありません。『倶舎論《くしゃろん》』だの、『唯識論』というものが、すべて先生の思想の中に取り入れられてあります。ことに唯識にいたっては、これまた古今独歩《ここんどっぽ》というてもいいのじゃないか、いささか過言かも知れませんけれども、私にはそう感じられてならないのであります。曽我唯識というのがあって、これはもう誰が何というても、指一本さすことのできないほどのものであると思うております。

上賀茂《かみがも》におりまして、先生が下鴨《しもがも》におられた時に、木場《きば》了本《りょうほん》氏と共に『唯識論』の講義を聞きに行きました。安田《やすだ》（理深《りじん》）君も一緒だったかなあ。一回二時間ずつしゃべられたのですが、その時の感激はいまでも忘れません。その時の感激として、よい話を聞く時には、道が遠ければ遠いほどありがたいものであるということを何かに書いておきました。それほど、私は曽我唯識というものは天下一品のものであると思うておりました。

先生にいわせますと、「わしは法蔵菩薩《ほうぞうぼさつ》は阿頼耶識《あらやしき》というたのであって、阿頼耶識が法蔵菩薩とはいわないのだ」というておられて、そういう点から申しますと、真宗学として唯識を学ばれたのであるということもあるようであります。すべては真宗学というものの中へ入れられまして、その他の方へは心を外さぬということがあったのではないであろうか。

それは、他ならぬ私が何遍も叱られ、何遍もそれじゃいかんよといわれたおぼえがあるのでよくわかります。木場了本氏にさそわれて、『中論《ちゅうろん》』のドイツ訳を読んだことがあります。その時でしたか、先生は、くだらんことはよせというようなことをいうて、手紙をよこされたことがあります。私は『華厳経《けごんぎょう》』をやったのですが、長いお経を退屈しまして、先生に、「もう『華厳経』などよします」というたら、「そういうことはいわないものだ。読みさえすればいい。華厳哲学だの、賢首《けんしゅ》における『華厳経』云々だの、そんなことは学者にまかせておけばよい。君はただ読みさえすればよいのだ」というふうなことをいわれたこともあります。

その他、二人で話をしながら旅行をした時に、私の話は、たまたま一般論的なことからはこぼうとしたのをお聞きになって、「そんなことでぐずぐずしておるなら、もう相手にしない」

という て叱られたことがあるのであります。ことそれほど、先生は学問といえば、真宗の聖典ただ一筋にということであったようであります。

これもおそらく、伝道ということをお考えになるみんなの立場においては、相当に問題にしていいことであると思います。確かに先生のように、真宗の聖典だけで、何人をも動かすことができるようにならなければならんのであろうか。それとも、回り道のようではあるけれども、いろいろの書物を読んで、そしてそれによってまた真宗の聖典もわかっていくというような道もゆるされるのであろうか。これは、私にとっては相当に大きな問題になっておるのであります。

小刀細工と鉈細工

私らの先輩の、関根仁応《せきねにんのう》という方が、大谷大学の学長になられたことがあります。関根さんの学長の時には、学長室に曽我・金子がおらん時がないといわれたほど、親しくしておりました。なかなか徳のある人でありまして、総長にもなられ、学長にもなられたのでありますが、新潟県の新発田《しばた》の生まれであります。この方も真宗学者で、私らは異端に問われたのでありますけれども、先生にいわせると、金子のいうようなことは、昔の講録を見るとみな書いてあるというふうなことまでいわれた人であります。

この先生が、かつて曽我先生が学長室をたずねられた時に、「金子君は小刀細工をする」といわれた。小刀細工ということは、あまりほめた言葉ではありません。それに応じて、関根先生は、「曽我さんあなたは鉈《なた》細工をせられる」といわれたということです。鉈細工という言葉はへんな言葉ですが、どちらも彫刻家としますれば、なるほど細工の方は小刀でしょうが、それに対して大鑿《のみ》を使うものを鉈細工といわれたのでしょう。

そうしますと、私は夏目漱石《なつめそうせき》の『夢十夜《ゆめじゅうや》』の一章を思い出す。夢を見ている。その夢の中でこういう言葉がある。知人が来て、「おいおい、どこそこで運慶《うんけい》が仁王《におう》様を彫るから見にいこうではないか」。見にいくと、桜の木か何か知れませんけれども、鑿を使っておると、ふっと仁王様が出てきた。「妙だなあ」「何を妙なことがあるものか。あの仁王様は木の中にあるんだよ」「木の中にあるのなら、誰が彫っても出るか」「それは出るよ。中にあるのだもの」「そうか、それじゃわしもやってみる」。帰ってきて、大きな木をひっぱりだしてやってみたけれど、何も出てこなかったという、その話を思い出します。

先生は、そういうような意味で、仁王様を彫るような人であったように思います。仁王様を彫って、ひょいと一太刀二太刀やられるというと、大きな仁王様が出てきて、万事みなその前に出て、そして拝まずにおれないという、そういう巨匠であったようであります。しかし、巨匠のまねは考えてもらわねばならんということもありますな。巨匠のまねをして、私のいうことがわからんかというてはならんのでしょう。

そうなるためには、相当の人間的な愛情がなくてはならない。一度見た人は忘れることができないというほどの人間愛をもっておらなくてはならない。大抵の人は、みな先生の人間愛に感化されますものね。そしてお話を聞いてみるというと、何をお話なさるのかも知れませんけれども、ありがたい話を聞かせていただいたと。そういうようなところに、そこに学徳と同じく、教えの徳というものがあったのでないであろうか。

そういうような意味におきまして、学徳の高い人としての曽我先生を思うと同時に、教化の徳というものがあって、それがあらわれた時を申しますと、今、申しましたように、こんなことわからんでどうするかというふうなことで、時によるというと、わからん人間をののしるような言葉も出てきますけれども、そこにあの方の性格があって、そこに本当の愛情があって、それがわかるというと、先生に叱られない人間はだめだ、といいたい。それで私も、しばしば先生に叱られたおぼえがなくて、どうして先生の本当の気持ちがわかるかというたことがあります。

先生の一生は、いろいろの人をかれこれいわれて、そういうことで問題を起こすということもありましたけれども、本当に先生を知ってみますというと、そこにあの方の尊いところがあり、そして、あの方でなければならないという、そういう教徳というものがあったのであるということを、つくづく想い出させていただきました。

しからばおまえはどうするのであるかということになります。とても仁王さん彫りはできませんけれども、せめて小刀細工といわれても、小刀細工の願いがあるのですから、そういうことでもいうていくべきであろうかなとも感じています。

しかし、それは最初にお約束いたしましたように、もう少し時間を与えていただき、考えさせていただきたい。と申しましても、目は見えず、耳は聞こえず、いつでも妻と笑いながら話すのですが、もう一年といえない、半年ぐらいの間に、いずれ先生のところへ参らせていただこうかなとも……。

何と申しましても、若い時から知遇をかたじけのうした身でありますので、その次その次と思いが尽きないことであります。そうですね、悲しいというよりは、寂しい。そして、やっぱりたよりないといいましょうか。そういう方を失いまして、残された身のあり方というものをいろいろ考えさせていただくことも、先生のご恩であると、ありがたく思う次第であります。

つじつまのあわないことになったかも知れませんけれども、ご清聴いただきましてありがとうございました。


（昭和四十六年七月十九日　於同朋会館）

（昭和四十六年十一月　『教化研究』第六十六号　特集　曽我量深先生）

般舟三昧と無生法忍

―龍樹における「空」観と念仏―

一

般若《はんにゃ》の「空《くう》」は修道《しゅうどう》上における不退転《ふたいてん》の原理である。何ものをも見ず何ものをも所得せずということは、行願《ぎょうがん》不退《ふたい》の菩薩においてのみ直接に体験せらるることである。すなわち空は菩薩の法であり、菩薩は空の人である。しかして菩薩の空を心証《しんしょう》するは無生法忍《むしょうぼうにん》であり、空の菩薩に現行《げんぎょう》するのは阿毗跋致《あびばっち》（不退転地）である。このことは『般若経《はんにゃきょう》』それ自体が「空」観と菩薩道とを説く他になきことにて明瞭ではあるが、近くは『般若心経』の頌意にても知らるることである。

されば『般若経』を身証《しんしょう》せんとせる龍樹《りゅうじゅ》が、その『十住毘婆沙論《じゅうじゅうびばしゃろん》』においてとくに不退転地を問題とせるはまことに意味深きことといわねばならぬ。おそらくこの問題こそは龍樹の生涯を通じて彼の中心を動かせるものであろう。しかるに不退転ということは純粋行それ自身の発現としてのみ可能である。ゆえに不退転地を身証することは、すなわち純粋行の体験であらねばならぬ。しかしてこの純粋行を菩薩の学道の原理とすることは無著《むじゃく》・世親《せしん》に残された問題であって、龍樹はあくまでも対立否定の「空」観をもって菩薩道の根拠とした。それゆえ純粋行はいわば菩薩の理念として願われながら、根源として認知せられなかったようである。ここに龍樹の教学の面目がある。それは一より二に出ずるよりは、常に二より一に入らんとするにあった。

ゆえに不退転地それ自身もすなわち生死と涅槃との否定である。生死に住するは道心のないものである。されど涅槃に住するものは菩薩の死である。ゆえに「極メテ厭テ二於流転ヲ一　而亦向ヒ二流転ニ一　信シテ二楽於涅槃ヲ一　而亦背ク二涅槃ニ一（極めて流転を厭いて　しかもまた流転に向かい　涅槃を信楽して　しかもまた涅槃に背く）」（『菩提資糧論』）の態度をとるのである。しかるに菩薩がもしかかる「不住《ふじゅう》」を生命とするならば、その人格的本質は分別性と真実性とを綜合し能生《のうしょう》する阿頼耶《あらや》（識《しき》）であらねばならぬ。この点から無著・世親の教学は生まれた。しかし空観の智慧もてこれを照らせば、阿頼耶（識）もまた生死と涅槃との否定の外に求むることはできぬ。されば不退転地は所詮ただ道に不退転なることにおいてのみ求むべきである。

しかるに不退転地は不退転の行中に求むべきものとすれば、『十住毘婆沙論』「易行品《いぎょうぼん》」に提起せられたる難行《なんぎょう》・易行の問題は、畢竟《ひっきょう》、道に不退転であることは難か易かということであろう。不退転であることは、一方からいえば明らかに難行である。なぜなればそれは常に現状打破を意味するからである。感覚的な本能生活や理知的な律法生活を否定して、全人としての道に進むことはいかにも困難なことである。しかし他方からいえば不退転であることは極めて易行であらねばならぬ。なぜなれば菩薩道それみずからは不退転であることが自然であるべきであるからである。まことに真実なる行（すなわち我）それ自身が不退転であるならば、それは当然易行であらねばならぬ。

しかし如上《じょじょう》の考察は難行・易行を不退転道の意味として説明したのである。されど対立否定の龍樹にありては、純一なる不退転道はただ難行・易行の相互否定によりてのみ会得《えとく》せらるるのである。ゆえに難易は道の意味ではなくて、実に道に入るの二門である。この点からまた龍樹が難行を行ずることを正道であるかのごとく説き、易行を求むるものを儜《にょう》弱《にゃく》怯《こ》劣《れつ》と貶《けな》せるゆえんを知ることができる。それは純なる否定道はいかなる困難をも顧みずして、当為《とうい》の命に随うにあるからである。この難行の顕示なくば称名憶念の易行たるゆえんも領会《りょうかい》せられぬであろう。恭敬《くぎょう》念仏の純一なる心はただ背後に当為の命を聞くがゆえに生ずるのではないであろうか。ゆえに易行の念仏は難行の道徳に止揚《しよう》せられてあらわるるのである。しかしかく難行に止揚せらるる易行は、同時にまた何かの意味において難行を止揚するものでなくてはならぬ。すなわち一切の善法を批判し統一する称名念仏は、やがて当為の道に不退転ならしむべき根源の力たるべきである。かくしてはじめて龍樹が勇猛《ゆみょう》精進《しょうじん》に難行を行ずべきことを称道《しょうどう》しつつ、みずから易行の徒となりて称名憶念し、帰依合掌しているゆえんと領解することができるのである。

ゆえに龍樹にありては難行も易行も固執すべきものではない。この二門は相成《そうじょう》相破《そうは》して唯一不退転道を体験せしめ、また相破相成して全一なる生活の内容を開顕《かいけん》するのである。されどもしこの二門の対立において、いずれが根本的であるかを問題とすれば、難易の対立は勝劣の対立となりまた自力他力の対立ともなるであろう。それは世親・曇鸞《どんらん》等にいたりて明らかに問題となるのである。しかし龍樹にありてもすでに何らかの意味において、それが暗示されていないであろうか。

二

思うに『華厳経《けごんぎょう》』に「如来の家」と説かれたるものは、すなわち『般若経』の不退転地である。如来は不退転なる道の理念であり根源である。されば「如来の家に生まる」（『十住毘婆沙論』「入初地品」）とは、すなわち阿毘跋致をうることであらねばならぬ。それはまた「世間《せけん》道《どう》を転じて出世《しゅっせ》上道《じょうどう》に入る」（同）と説かれてある。不退転はすなわち無限の道である。無限の道は外物に支配せらるる世間にはない。それは広大無辺のうちの世界にのみありうる。その世界はすなわち如来の家である。ゆえに不退転を願うことはやがて如来の家に生まれんと願うことである。しかして如来の家はすなわち浄土にほかならざれば、阿毗跋致地に入らんとすることは、やがて願生浄土の志求ではないであろうか。

しかるに不退転地をうることはただ不退転の行のうちにのみ求むべきならば、同様に如来の家に生まるる行はすなわち如来の家を出生するものであり、出世上道に入るの道はすなわち出世上道そのものでなくてはならぬ。さればその如来の家を出生して如来の家に生まるるの行はいかなるものであろうか。

龍樹は『十住毘婆沙論』「入初地品《にゅうしょじぼん》」にこれを解釈して五説を挙げている。

一、諦捨滅慧《たいしゃめつえ》の四功徳処《しくどくしょ》。

二、般若波羅蜜《はんにゃはらみつ》と方便《ほうべん》。

三、善、慧。

四、般舟三昧《はんじゅさんまい》、大悲《だいひ》。

五、般舟三昧、無生法忍。

しかして龍樹はこの五説に対してあえて取捨を加うることなく、むしろいずれも包容摂取せんとするもののごとくに見える。しかし「生二如来家一（如来の家に生まる）」というも「得二不退転一（不退転をうる）」というも、同一の問題であることを知れるものは、得不退転における難行易行の別を生如来家においても認むべきではないであろうか。思うに親鸞が『教行信証《きょうぎょうしんしょう》』に『十住毘婆沙論』を引用するにあたりて、とくに「般舟三昧ノ父　大悲無生ノ母　一切ノ諸ノ如来ハ　従ニ是ノ二法一生ズ（般舟三昧の父、大悲無生の母、一切のもろもろの如来、この二法より生ず）」という後二説を取れるは、おそらく前二説を難行道とし、これに対して後二説を易行道とせるものであろう。これすなわち「入初地品」の生如来家をもって「易行品」の得不退転と相感せしめしものである。

般舟三昧はすなわち念仏である。このことは『十住毘婆沙論』の「念仏品《ねんぶつぼん》」において般舟三昧を説くにても明らかである。「般舟三昧名ハクニ見諸仏現前ト一　菩薩得レバニ是大宝三昧一雖レ未レ得ニ天眼天耳ヲ一而能得レ見ニ十方諸仏一　亦聞クニ諸仏ノ所説経法ヲ一（般舟三昧は見諸仏現前と名づく。菩薩は是の大宝の三昧をうれば、いまだ天眼天耳をえずといえども、しかもよく十方諸仏を見ることをえ、また諸仏所説の経法を聞く）」。

ここに見仏《けんぶつ》といい聞法というも、おそらく念仏の内功徳の他にはないであろう。我々はただ念仏において見仏し聞法するのである。この見仏聞法はすなわち諸仏を生み、如来の家に生まるるものである。無生法忍はすなわち信心である。無生の法は涅槃であり如来である。ゆえに無生法忍はこれ如来を信認《しんにん》し涅槃を心証《しんしょう》することである。されば無生法忍は般舟三昧における智慧現前の他にはないであろう。

しかして大悲は正しく一切衆生の暗を照らしてこれを荷負《かふ》するの現実感である。この大悲を母として般舟三昧はよく無生法忍を生ずるのである。あるいはまたこの大悲と無生法忍とによりて般舟三昧は純真となるというべきであろうか。我々はここに般舟三昧と無生法忍とを生如来家の法とする説において、「易行品」の「信方便《しんほうべん》の易行」を見ることができるのである。

しかし「易行品」にありてはあたかも難行を正道であるかのごとく説かれたるがゆえに、称名憶念《おくねん》は儜弱怯劣のもののための止むをえざるの道としてあらわれた。それは信方便の易行である。しかるに般舟三昧と無生法忍とは、如来の家に生ずる正道として説かれてある。したがってそれは称名憶念と異なるがごとき感じを与うる。されど般舟三昧も常念《ニズル》㆓於諸仏《ヲ》㆒（常に諸仏を念ずる）ものであり、易行道も諸仏の名を称えてこれを憶念することである限り、それは別なものでないことは明らかである。されば般舟三昧と称名易行と異なるがごとき感じを与うることは何らの意味がないであろうか。

この疑問を解くものはおそらく称名易行の意味いかんであろう。称名がわざであり易行ということはとくにわざとして容易という意味であろうか。あるいはまた称名は根本の行であり、それゆえにそれはまた易行であるという意味であろうか。「易行品」の当面は前者の意味を取るものであろうが、それは当然後者の意味を根底とするものでなくてはならぬ。しかして般舟三昧と無生法忍とは、正しく称名易行における後者の意味を開顕せるものである。

ここに我々は易行道が難行道を止揚し、この二道の対立はそのまま根本行とその内容となることを見るのである。難易の対立においては、称名念仏はとくに心貧しきものの伏蔵《ふくぞう》である。しかしこの伏蔵こそはあらゆる心の富にもまさりて無上の徳を有するがゆえに、それは諸の善法に対して根本の行となる。一切の善は念仏に批判され念仏に根拠してはじめて善となるのである。ゆえに一切の善はいわば如来の家の家宝である。

この意味を開顕せんがために、生如来家の五説の中とくに後二説のみをとれる親鸞も、「如来の家には諸の過咎《かく》なし」ということを説明する場合には、六波羅蜜《ろくはらみつ》・四功徳処等のあらゆる善をあげ、これらの善がことごとく清浄なるがゆえに如来の家には過咎なしという『十住毘婆沙論』の説をそのまま用いている。畢竟、如来の家は宝の世界である。経に浄土を説くやただ七宝合成《しっぽうごうじょう》とあらわすことまことに意味が深い。しかしてこれらの法宝を体験するものはすなわち大集 聖衆《だいしゅうしょうじゅ》であり、その大集聖衆を発見してそれに参加するものは念仏者である。

三

般舟三昧は諸仏の父であり、易行の道は諸仏の名を称念することである。さればその諸仏とはいかなるものであろうか。「地相品」にはこれを「念ズルナリ二 然灯等ノ過去ノ諸仏、阿弥陀等ノ現在ノ諸仏、弥勒等ノ将来ノ諸仏ヲ一 常ニ念ジテ二如ノレ是ノ諸仏世尊ヲ一、如シ二現ニ在スガレ前ニ（然灯等の過去の諸仏・阿弥陀等の現在の諸仏・弥勒等の将来の諸仏を念ずるなり。常にかくのごときの諸仏世尊を念じて現に前に在《まし》ますがごとし)」といい、「易行品」には十方現在の仏、無量寿仏等の百七仏、その他の仏、菩薩名を一々にあげて、称名憶念し恭敬礼拝すべきことをすすめている。そもそもこれらの諸仏は何ものであろうか。

我々はすでに「大行論」において諸仏の観念がいかにして仏教徒の間に生じきたれるかを概説した。龍樹の諸仏というものを見るに、あたかも三世十方に無数の仏あらねばならぬという想定から、当時種々の意味から崇拝せられしすべての仏名を列挙せるもののごとくである。しかしかく無数の仏名のあらわれたるは、歴史的には無数の仏あるべきはずであるという想定から生じたとしても、それらの仏名の認知せらるる理由は、畢竟それらの仏が種々の方面から我々衆生を救済せらるるものとしてであろう。「一切去来今の仏の威力《いりき》と功徳と智慧と無量の深法《じんぼう》は等しくして差別《しゃべつ》なし、ただ諸仏の本願の因縁に随」(『十住毘婆沙論』「釈願品」)っておのおの異なる徳を代表しそれぞれの名をもってあらわれたのである。

しかるに諸仏をかくのごときものとせば、その名を称念することが易行であるとはいかなることを意味するであろうか。一面より見ればこれらの仏名はあらゆる難行を成就せし理想的人格である。一々の仏名は一々の善行に相応する理念である。ゆえにこの点よりいえば、理想を追うこととしては難行であることが、現前の仏として憶念する時には易行となるといわねばならぬ。龍樹の真意はたしてここにあったであろうか。『十住毘婆沙論』全体より見れば、龍樹にありては後の浄土教徒のごとく、とくに弥陀を称念するということがないように見ゆる。

しかし我々はまた龍樹が諸仏を念ずるというは、個々の諸仏を念ずるのではなくて、実に諸仏をして諸仏たらしむるいわば仏そのものを念ずるのであると了解することができる。すでに「不㆓以㆑相見㆒㆑仏（相をもって仏を見ず）」（『阿惟越致相品』）というを本領とせる龍樹は、諸仏の別異の否定において真実の仏に接せんとせるのではないであろうか。ゆえにこの諸仏をして諸仏たらしむる仏そのものこそすなわち弥陀なりと会得せる親鸞は、諸仏はみな弥陀を称名憶念するものとして、易行の一道はただ弥陀の本願であると開顕せられたのである。

思うに龍樹にありてもその自督《じとく》はとくに弥陀を称念するにあったのであろう。『十住毘婆沙論』「釈願品」にあらわるる仏願は多く弥陀の四十八願を想起せしめる。その「易行品」においても弥陀の本願を説いて、これを讃嘆《さんだん》し礼拝《らいはい》し称名し憶念することとくに慇懃《おんごん》である。しかるに龍樹は何ゆえにひとえに弥陀を称念せずして、諸仏を憶念すべきことを説いたのであろうか。我々はこれについて充分の理由を発見しえない。

しかしもしこの疑問を解くものありとせば、おそらくそれは彼の「空」観の智慧であろう。空観の智慧はとくに一仏を根本として余仏を末仏なりというごとき定立を許さない。かく定立して如来を見ることは、すなわち相をもって仏を見るものである。それは依然諸仏に対立する一仏に過ぎぬ。我々はいたずらに諸仏の長短を議するを止めて、静かに諸仏をして諸仏たらしむるものを憶念すべきではないであろうか。

これによりて我々は何を念ずべきかよりは、むしろいかに念ずべきかを学ばしめられる。儜弱怯劣の身に悲痛しつつ恭敬礼拝する龍樹の態度は、かくしていよいよ意味深いのである。しかしてこのいかに念ずべきかの純化より感見せられてこそ、弥陀の本願はとくにその真実を開顕するのであろう。しかもその闡明《せんめい》は世親の事業として残されてあった。

四

「空」観は何ものをも捨てず、しかしまた何ものをもとらない。ここに龍樹の教学の捕捉し難きゆえんがある。されど龍樹の不退転の精神は実にこの捕捉し難き思想の根底に動きつつあるのである。しかしてこの不退転の精神は生如来家の行として、念仏三昧を発見した。かくして『華厳経』の「常念於諸仏《じょうねんおしょぶつ》　及諸仏大法《ぎっしょぶつだいほう》　必定希有行《ひつじょうけうぎょう》　是故歓喜《ぜこかんぎ》」の文字は体験せられたのである。

『十住毘婆沙論』の解釈によれば、この経文は当然「常に諸仏及び諸仏の大法と必定《ひつじょう》と希有《けう》の行とを念ず、この故に歓喜《かんぎ》多し」と読むべきである。しかるに親鸞はこれを「常に諸仏及び諸仏の大法を念ずれば、必定して希有の行なり、この故に歓喜多し」（『教行信証』「行巻」）と読んでいる。この親鸞の点読は念仏三昧をもって生如来家の法とし得不退転の行とする龍樹の意を明らかにするものである。

「常念㆓於諸仏及諸仏大法㆒（常に諸仏及び諸仏の大法を念ずれば）」はすなわち般舟三昧である。この三昧に入るものは必定（不退転）の菩薩であり、この三昧は希有の行である。われらが真実の歓喜は唯《た》だこの希有の行なる至宝を得ることから生ずる。永遠無限の如来の家に生まるることにもまして歓ばしきことはどこにかあろう。まことにこの歓喜こそは五欲の満足より来るものとはまったく種類を異にするものであって、くめども尽きせぬ甘露の泉である。

しかるに親鸞はかく必定と希有の行とを能念の徳と点読しつつ、その解釈においてはまた〈念㆓必定ノ菩薩㆒（必定の菩薩を念ず）〉といい〈念㆓希有ノ行㆒（希有の行を念ず）〉といって、これを所念の法としている。これおそらく念仏における能所転換の旨趣を開顕するものであろうか。仏を念ずるは仏に念ぜらるるのである。仏が念ずるのである。げに念仏三昧に入るものは必定の菩薩である。

しかし必定の菩薩とは誰であろうか。三昧はこれ自力を離れたる心である。ゆえに念仏三昧において必定の菩薩を感得《かんとく》するものも、われは必定の菩薩であるという意識は許されない。したがって念仏するものにとりては、必定の菩薩は能念者にしてそのまま所念者である。同様に念仏三昧は希有の行である。しかし我々はこれによりて念仏を必ず能念の行と固執すべきでない。念仏して自力の心を離るれば、称名はそのまま聞名であり、そのまま名号それみずからである。ゆえに念仏は希有の行であって、すなわちまた希有の行を念ずるものである。まことにこの能所自在の体験こそは、無生法忍の信であろうか。

ゆえにこの信力《しんりき》の増長するは、すなわち必定の菩薩われにありて「深く大悲を行ず」（『十住毘婆沙論』「浄地品」）るのである。これやがて信そのものが菩薩大悲の回向であり、また我々が信において深く大悲を行ずるものであろう。

かくして我々は再び「是故多歓喜（このゆえに歓喜多し）」の文字を味わわんと思う。我々は信の歓喜は五欲満足のものとその類を異にすることをいった。しかしその類を異にするゆえんはいずこにあるであろうか。他なし、信の歓喜は必定の菩薩その人の歓喜である。それはわれらの歓喜でない。その本質においてはわれらの歓喜でなくして、しかも事実われらの歓喜としてあらわれる。その歓喜はあらゆる苦悩を滅却《めっきゃく》してあらわるるものではなくて、あらゆる苦悩の忍受《にんじゅ》においてあらわるる。それは手の舞い足の踏むところを知らざるものであって、しかもいよいよ我々をして厳粛に自己に還《かえ》らしむるものである。

五

以上は先に「大行論」においてもっぱら『無量寿経』によりて考究せる主題を、さらに龍樹の『十住毘婆沙論』によりて、それがいかに解明されてあるかを見んとせるのである。思うに経の言葉は直接なる真理の名のりである。ロゴスである。これに対して善導《ぜんどう》・源空《げんくう》等に代表せらるる釈家の言葉はいわば表白《ひょうびゃく》であり懺悔《さんげ》である。それは経の言葉に応じてあらわれたものである。

しかしてこの経の名のりと釈の表白とを内面的に結合して、その相応原理を解明するものは龍樹・世親等に代表せらるる論家の言葉であろう。親鸞が経には言、論には曰、釈には云とその文字を区別せられしはこれがためであろうか。『尊号真像銘文《そんごうしんぞうめいもん》』には「曰《わっ》はこころをあらわすことばなり」と説明してある。これすなわち経言に対して論曰の旨趣を開顕するものである。

しかるに論家の使命はまさにここにありとせば、それはやがて願生の行信の先験主観を闡明するものであらねばならぬ。ここに願力回向の義は開け願心荘厳の旨は顕わさるるのである。しかしてこれらの義旨《ぎし》はとくに世親・曇鸞によりて広開せられたるものではあるが、その指示はすでに龍樹にありて充分にあらわれているのである。これすなわち源空が龍樹の表白よりこれを「傍明往生浄土之教（傍《かたわ》らに往生浄土を明かす教）」（『選択本願念仏集』）の人とせるにもかかわらず、親鸞はとくに龍樹を真宗の第一祖とせるゆえんである。

（大正十二年八月十五日）

（昭和五十二年六月　『教化研究』第七十八号　特集 三先生を追悼して）

略年表

西暦	和暦	年齢	事項
一八八一	明治一四		新潟県中頸城郡高田町（現、上越市）に生まれる。
一九〇四	明治三七	二三	真宗大学（現、大谷大学）本科卒業。
一九一五	大正四	三四	浩々洞の雑誌『精神界』主筆となる。
一九一六	大正五	三五	東洋大学教授に就任。同年、真宗大谷大学教授に就任する。
一九二二	大正一一	四一	曽我量深師とともに研究誌『見真』を創刊する。
一九二六	昭和一	四五	曽我量深師とともに同人雑誌『仏座』を創刊する。
一九二八	昭和三	四七	異安心問題によって同大学教授を辞任。
一九三〇	昭和五	四九	広島文理科大学講師に就任。
一九三二	昭和七	五一	国民精神文化研究所教員研究科嘱託となる。
一九四一	昭和一六	六〇	大谷大学教授に復帰する。
一九四三	昭和一八	六二	真宗大谷派侍董寮出仕。

一九四四	昭和一九	六三	真宗大谷派講師となる。
一九四五	昭和二〇	六四	安居本講に『正像末和讃』を講述する。
一九四九	昭和二四	六八	GHQの公職追放により、大谷大学教授を辞任。
一九五一	昭和二六	七〇	大谷大学名誉教授に任ぜられる。
一九五二	昭和二七	七一	安居本講に『大無量寿経』を講述する。
一九六一	昭和三六	八〇	真宗大谷派管長より、教学功労者として表彰される。 安居本講に『顕浄土真実教行証文類』「教巻」を講述する。
一九六七	昭和四二	八六	勲三等瑞宝章を叙勲される。
一九七〇	昭和四五	八九	安居本講に『讃阿弥陀仏偈和讃』を講述する。
一九七一	昭和四六	九〇	京都新聞社より文化賞を受賞する。 真宗大谷派侍董寮寮頭に就任。
一九七六	昭和五一	九五	一〇月二〇日逝去。享年九五歳。法名・聞思院釈大榮。

金子大榮（かねこ　だいえい）●略歴

1881（明治14）年新潟県中頸城郡高田町（現、上越市）に生まれる。1904年真宗大学（現、大谷大学）本科卒業。1915（大正４）年浩々洞の雑誌『精神界』主筆。1916年東洋大学教授に就任。同年、真宗大谷大学教授に就任。1928（昭和３）年異安心問題によって同大学教授を辞任。1930年広島文理科大学講師に就任。1941年広島文理科大学を辞任し、大谷大学教授に復帰。1944年真宗大谷派講師となる。1951年大谷大学名誉教授に任ぜられる。1976年10月20日逝去。法名聞思院釈大榮。

〈主な著書〉

『真宗の教義及其歴史』、『仏教概論』、『浄土の観念』、『彼岸の世界』、『親鸞教の研究』、『仏教の諸問題』、『日本仏教史観』、『教行信証講読』、『口語訳教行信証』、『歎異抄聞思録』、『教行信証の研究』、『晩学聞思録』、『聞思室日記』等多数。

聞思《もんし》の人《ひと》④　金子大榮集《かねこだいえい》（下）

2015（平成27）年８月28日　第１刷発行

編　　集　教学研究所

発 行 者　里雄康意

編集発行　東本願寺出版（真宗大谷派宗務所出版部）

〒600-8505　京都市下京区烏丸通七条上る
TEL 075-371-9189（販売）
075-371-5099（編集）
FAX 075-371-9211
E-mail shuppan@higashihonganji.or.jp
真宗大谷派（東本願寺）ホームページ
http://www.higashihonganji.or.jp/

印 刷 所　中村印刷株式会社

装　　幀　白岩　麗（株式会社ワード）

ISBN978-4-8341-0514-8 C0015

刊行の願い

「聞思の人」と題して刊行するこの叢書は、当教学研究所の機関誌『教化研究』所載の曽我量深・金子大榮・安田理深・蓬茨祖運四師の講演録及び執筆原稿の中から特に大切なものを抜粋して編纂しました。これらの講演の多くは当研究所主催の伝道講究所、伝道研修会で気鋭の教師たちを前にして獅子吼されたもので、特に昭和三十一年から始まった年三回開催の伝道研修会の受講者は、これら四師の教導により年を追うごとに増え、昭和四十四年には修了者が千人を超え、その人たちの意気がやがて宗門を僧伽たるものにしようとする願いに生きる念仏者の誕生へと波及していきました。

いま、私たちはそのような先師の教えをもう一度丁寧に読み返し、その行間に聞こえる声に耳をそばだて、その響きを聞思すべき絶好の時にきているのではないでしょうか。宗祖親鸞聖人七百五十回御遠忌法要を終えたいま、このような叢書を刊行する意義はそのような願いにもとづくものであります。

なお、各師の講演録の中には、研修会での講演のほかに、宗祖親鸞聖人七百回御遠忌法要（昭和三十六年）での曽我師の記念講演「信に死し願に生きよ」、金子師の「曽我量深先生追悼講演」、安田師とP・ティリッヒ、信國淳師による鼎談「名号について」、蓬茨師の靖国神社国家護持法案反対の文「政治で神をつくるな」を加えました。それぞれが歴史的意義をもつものと思われます。

なお、この叢書は一九七七年から一九八三年にかけ、曽我・金子・安田三師の講演録として六巻本で出版されていましたが、凡例にあるように少々の改訂をほどこし、それに蓬茨祖運師のものを新たに加えて刊行するものであることをご了承ください。

二〇一二年七月

教学研究所長　蓑輪秀邦

聞思の人（全8巻）

教学研究所編

❖聞思の人①『曽我量深集　上』
❖聞思の人②『曽我量深集　下』
❖聞思の人③『金子大榮集　上』
❖聞思の人④『金子大榮集　下』
❖聞思の人⑤『安田理深集　上』
聞思の人⑥『安田理深集　下』
❖聞思の人⑦『蓬茨祖運集　上』
❖聞思の人⑧『蓬茨祖運集　下』

❖は既刊